山口大学大学院東アジア研究科
東アジア研究叢書 ④

東アジアの医療福祉制度

持続可能性を探る

国立大学法人
山口大学大学院東アジア研究科 ［編著］

中田範夫・城下賢吾 ［責任編集］

中央経済社

『山口大学大学院東アジア研究科 東アジア研究叢書④』の刊行について

　山口大学大学院東アジア研究科研究叢書は，2012年8月に第1巻の『東アジアの格差社会』を出版して以来，隔年で『教育におけるグローバル化と伝統文化』と『東アジア伝統の継承と交流』を発刊し，このたび第4巻として，『東アジアの医療福祉制度——持続可能性を探る』と題して，日本・中国・韓国の医療制度や医療経営等の研究成果をまとめて発刊することになりました。

　山口大学大学院東アジア研究科は2001年4月に設立された東アジアをはじめとする国・地域で指導的役割を果たす高度専門職業人を養成する後期博士課程のみの研究科です。現在,「アジア比較文化コース」,「アジア経済・経営・法律コース」,「アジア教育開発コース」,「アジア公共管理コース」の4つのコースで，40数名の教員と50名を超える学生が研究と教育に携わっています。学生はこれまで，日本はもとより，海外から多くの国・地域から入学し，複眼的な視野と柔軟な思考力のもとに，現代社会で生起する様々な課題について探求しています。

　本研究科は隔年で東アジア国際学術フォーラムを開催しており，2016年に「東アジアにおける医療制度の持続可能性」をテーマに開催しました。本研究叢書はこのフォーラムが基盤となっており，本学の教員に加え，田中耕太郎氏（放送大学），山本克也氏（国立社会保障・人口問題研究所），全保永氏（筑波大学），藤本健太郎氏（静岡県立大学）が論文執筆しています。本書では日本・中国・韓国の医療制度や医療経営を取り上げ，各国の医療制度の現状や負担と配分の問題，医療経営におけるマネジメントおよび組織の変革の必要性，また少子高齢化による将来の課題について報告しています。

　本書の基礎となった2016年山口大学東アジア国際学術フォーラムの開催については，山口大学人文学部，教育学部，経済学部等から支援をいただきました。ここに厚く御礼申し上げます。本研究科は今後も研究成果の公表として研究叢書の発刊を続けていきます。皆様方のご支援とご協力をお願いいたします。

　　　　　　　　2017年10月　山口大学大学院東アジア研究科長　葛　崎偉

序　文

本書の問題意識

　本書は，2016 年 11 月 12 日に山口大学東アジア研究科主催の国際学術フォーラム「東アジアにおける医療制度の持続可能性」の報告者に山口大学経済学部の教員を加えて編成されている。周知のように各国の医療制度は必ずしも同じではない。したがって，現在および将来の課題も国によって異なることになる。ただし，どの国でもその仕組みは同じである。すなわち，発生した医療費を診療行為ごとに病院や診療所へどのように配分するか（医療機関にとっては診療報酬という収益になる），そしてその発生した医療費をだれがどのように負担するかという仕組みである。たとえば日本の場合には，前者の課題は 2 年に一度の診療報酬の改定という形で検討される。後者の課題としては，発生した医療費（医療の技術進歩による高額医療機器・高額医薬品，及び少子高齢化による医療費増大）を保険料・公費負担・窓口負担としてその金額を調達しなければならないが，少子高齢化により負担する人口が減少しつつあること，賃金の伸びが少なく（保険料率が上昇する），また税収も少なくなっていること（国や地方自治体は公費補助を増加することが困難）である。

　本書は医療だけでなく福祉の領域を含めている。その理由は，医療と福祉が現場レベルでは密接な関係にあるという認識からである。

本書の構成

　本書は 3 部から構成されている。第Ⅰ部では東アジア諸国およびイギリスの医療制度，並びに日本における看護師受け入れの実態が明らかにされており，ここでは主に経済学的アプローチが用いられている。第Ⅱ部では病院マネジメント，ファイナンスの問題が扱われており，ここでは経営学的アプローチが用いられている。最後に第Ⅲ部は，経済学的アプローチあるいは経営学的アプローチを用いて高齢者ケア・障害者ケアの問題を地域社会の課題として扱っている。

第Ⅰ部　各国医療制度事情

　第1章では，本書全体の論点に共通する視点を提供するため，まず医療問題を考える際の3つの次元の概念について説明した後，医療サービスが持つ，他のサービスと異なる基本特性について述べている。続いて，こうした医療サービスの特徴を反映して，医療費が経済に占める比率が先進諸国で増加傾向にあり，その適正化が各国共通の政策課題となっている点を指摘している。これらの動向を踏まえた上で，国や時代を問わず医療費をだれがどう担うか，その負担の選択肢を概念図で示し，これに沿って，日本における医療費政策の選択の経緯を俯瞰した後，今後の医療の持続可能性の成否を分ける中核的な課題である地域医療構想の重要性について言及している。

　第2章では，UHC（Universal Health Coverage）と東アジア，特にASEAN諸国の医療・病院について考察している。ASEAN加盟国のほとんどが中進国へと移りつつあるが，同時に，高齢化の波も急速に迫っている。ASEAN諸国も経済発展とともに，都市化や食生活による肥満の問題，生活習慣病の問題を抱えている。また，都市に投資が偏るために，医療レベルの地域間格差の問題や病院の能力の公私間格差の問題も生じていることを明らかにする。

　第3章では，まず韓国の医療制度を理解するための基礎知識として，韓国の人口と経済動態，健康状態について紹介する。次に，全国民健康保険の施行に至るまでの経緯，健康保険制度の運営体系，資金調達，提供者補償システム，最近導入された老人長期療養保険制度を，最後には，韓国の医療制度が現在抱えている課題と，医療制度の持続可能性を高めるための最近の制度改革や政策変化を考察する。

　第4章では中国の医療保障制度について，その持続可能性はどうであるかを検討した。中国の医療皆保険達成時の制度の仕組み・特徴はいかなるものか。大病保険の設立・都市部と農村部住民基本医療保険の統合といった皆保険後の制度の整備について，その背景・狙い・効果を明らかにした。次に，中国医療保険制度が直面する問題点を指摘し，医療保険財政とよりよい保険医療の提供との両者間のバランスを如何に取っていくかが中国医療保険制度を持続可能な発展へと導く要となる，という結論に結び付けた。

　第5章ではイギリスのNHSを中心に説明している。NHSは，租税を主な財

源とし，患者の自己負担が無料という原則を守り続けている。しかしながら，制度を運営する組織や運営方法など，制度の中身は時代に合わせて，継続して改革が行われている。しかし，現在はその医療の質を維持して，制度を持続させていくのが困難になっている。医療以外の公共支出を抑制している状況下にあるイギリスで，医療の質を確保したままどのように制度を持続させようとしているか，2013年以降の改革や近年の政策を紹介する。

　第6章は，経済連携協定に基づくインドネシア，フィリピン，ベトナムからの看護師受入れが日本において進まない中，受入れ促進のために実施された規制緩和を背景として増加している，中国人看護師の受入れと雇用の実態を明らかにしている。

　中国人看護師の受入れは，日本人看護師と同等の勤務条件の下で，NPO法人等民間組織の主導により着実に進んでいる。一方で，中国人看護師は，日本の看護師国家試験に合格しているとはいえ，民間組織や勤務先の医療・介護施設に教育・研修が任せられ，コミュニケーション能力をはじめ看護の技能の低さなどの問題が生じている。

第Ⅱ部　医療経営

　第7章は，公立病院における組織形態・内部環境・マネジメント手法と財務業績・非財務業績との関連性を明らかにしようとしている。その背景には，ここ最近のデータから，公立病院の財務指標が他の病院種類のものと比較して悪いということから，その持続可能性が危ぶまれるという事情がある。

　当該研究目的は，どのような要因が病院の財務業績および非財務業績に対して影響を及ぼしているかを明らかにすることである。

　第8章はPubMedを用いて英語論文に絞って検索し，離職に関連する要因を整理した。拡大する医療・介護サービスへの需要に応えるためには十分な数の看護師の確保が必要であり，そのためには看護師の離職を防がなくてはいけない。今後の課題として①離職と人事制度の関係についての実証研究，②メタ分析を挙げている。

　第9章「老後と資金計画」では，シミュレーション分析を通じて現役時代に蓄積した自己資金で退職後の医療・介護費を含む生活費用を生涯にわたり維持

できるかどうかを検証した。検証結果では，前月の自己資金に基づく引き出し率が適切であれば，生涯を全うするまで自己資金を減らすことがなく，一定の比率で支出が可能であるということを明らかにしている。

第Ⅲ部　地域社会と高齢者ケア・障害者ケア

　第10章では，都道府県比較と市町村比較の実証研究も踏まえて，地域社会で望ましい保健事業，予防医療・予防介護のあり方を考察する。

　近年では，地域医療に焦点が当てられている。その中でも，病床機能報告制度は特筆すべきものである。それは，急性期，回復期，慢性期の3つのうち，いずれの機能を担うかを都道府県知事に事前報告することを義務付けるものである。また，重点施策のひとつとして，保健事業の推進が取り上げられる。予防医療や予防介護は治療に勝り，何よりも病気にならないことが大切である，とする発想である。

　第11章では，「地域社会の変遷と持続可能性」について扱う。地方における過疎化や少子高齢化が問題になってから久しい。「限界集落」や「地方消滅」がマスコミにも取り上げられ，地域社会の持続可能性に対する危機感は多くの人々の間で共通認識となっている。戦後日本の医療政策の変遷を見ていくと，1972年の老人福祉法の改正では高齢者の医療の無償化が達成されている。しかし，バブル崩壊後の財政難により，これらの充実した制度は危機に面している。近年注目されている地域包括ケアは患者の状態に応じた柔軟性を備えているが，医療福祉における人材不足や老老介護など，多くの問題もまた抱えている。

　第12章では，在宅医療と在宅介護の統合を柱とする地域包括医療システムについて取り上げる。これまで日本の医療ケアにおいて，看取りの場は病院が中心であった。しかし，増大する医療費が医療保険料上昇等を通じて現役世代の負担を増加させることになり，医療費増加の抑制が課題となる中で，欧米諸国に比べて長い入院日数を短くすることが課題となった。また，高齢者の気持ちとしても，住み慣れた場所で老いていきたいという願いは，欧米諸国におけるエイジング・イン・プレイスという理念と共通するものである。

　このため，近年の日本の医療ケアにおいては，在宅医療を強化し，看取りの

場を自宅にすることが政策課題となっている。

　第13章では障害者差別解消法の施行により医療機関における障害のある患者への配慮や支援がどのように変化したのかを2つの医療機関の事例調査を通して調べている。両医療機関とも以前から障害のある患者への配慮や支援を行っていたこともあって同法に対してはまだ特別の対応をしていないのが現状であったが，その原因としては法的強制力が弱いという同法自体の問題点や合理的配慮を求める障害当事者の声（意思表明）が高まっていないなどの要因も影響している可能性がある。そして今後は，異なる障害を持つ人たちがチームを組んで医療機関を視察し，助言・提言を行っていく障害者アドバイザー制度的なものを公的に用意していくことが有効であると指摘している。

　第14章では日本における高齢者ケア政策を，医療と介護の連携に焦点をあてて論じている。医療と介護の連携は介護保険制度の導入時の理念でもあるが，実際には要介護高齢者が受ける医療と介護の情報共有や切れ目のないサービス提供の実現は困難であった。その状況を打開するために，国は市区町村に対して，住み慣れた地域で高齢者が生活支援や連続した医療と介護を受けられる仕組みである「地域包括システム」の構築を新たに義務づけた。現在，各地域で進められている医療と介護の連携事例を医師会，行政，拠点整備のそれぞれが中心となったケースごとにまとめ，医療と介護の連携をはじめとして、さまざまな福祉資源を組織化することによる地域マネジメントの重要性を指摘している。

　以上，本書の問題意識と構成について紹介した。『東アジアの医療福祉制度——持続可能性を探る』という非常に大きなテーマに対してどの程度肉薄できたかは読者諸氏の反応を待ちたい。

　最後に執筆者を代表して中央経済社経営編集部の浜田 匡氏に対して感謝を申し上げます。

中田　範夫

目　次

『山口大学大学院東アジア研究科　東アジア研究叢書④』の刊行について

序　文

第Ⅰ部　各国医療制度事情

第1章　医療保障とその持続可能性 — 2

 1　はじめに：医療改革の選択肢とその方向性 — 2
 2　医療保障の特徴 — 2
 3　医療費用の増加要因と将来推計 — 7
 4　医療費負担の選択肢とわが国の選択 — 10
 5　わが国の医療保険改革の最近の動向 — 14
 6　おわりに：今後の医療改革の課題 — 16

第2章　UHCと東アジア（特にASEAN諸国）の医療・病院 — 18

 1　はじめに：UHCとASEANの医療 — 18
 2　わが国のUHCの歴史的展開 — 19
 3　UHCの普及 — 22
 4　ASEANの医療・病院 — 24
 5　おわりに：UHCの課題 — 29

第3章　韓国医療制度事情 — 32

 1　はじめに：韓国の国民健康保険制度の仕組み — 32
 2　人口・経済動態，健康状態 — 33
 3　医療制度の経緯と概要 — 34

4　医療制度の課題 ……………………………………………………… 39
　　　5　おわりに：
　　　　　保障性の拡大と持続可能性の確保という2つの課題 …………… 41

第4章　高齢化社会に直面する中国の医療保険制度 ── 43

　　　1　はじめに："未富先老"の中国 …………………………………… 43
　　　2　中国の医療皆保険の達成と皆保険の内容・特徴 ………………… 44
　　　3　基本医療保険の更なる整備 ………………………………………… 48
　　　4　高齢化社会を乗り越えるための避けられない問題点 …………… 50
　　　5　おわりに：持続可能な制度を構築するために …………………… 55

第5章　イギリスの医療保障制度 ── 58

　　　1　はじめに：イギリスの医療制度改革について …………………… 58
　　　2　国民保健サービス（National Health Service=NHS）
　　　　　とは …………………………………………………………………… 58
　　　3　NHSの医療提供体制 ……………………………………………… 64
　　　4　近年のNHSの動向 ………………………………………………… 67
　　　5　おわりに：これからのNHS ……………………………………… 70

第6章　日本における中国人看護師の受入れと雇用の実態 ── 74

　　　1　はじめに：外国人看護師の受入れの概要 ………………………… 74
　　　2　中国人看護師の受入れの実態：
　　　　　日本の国家試験合格と雇用の現状 ………………………………… 75
　　　3　中国人看護師が日本での就職を希望する理由 …………………… 77
　　　4　医療施設側・中国人看護師側の評価と共通課題 ………………… 80
　　　5　おわりに：中国人看護師の受入れの課題 ………………………… 82

第Ⅱ部　医療経営

第7章　公立病院における組織形態・内部環境・マネジメント手法と財務業績・非財務業績との関連性：規模に基づく分析 ── 88

 1　はじめに：公立病院の持続可能性 ……… 88
 2　病院の種類別・規模別データを利用した分析 ……… 89
 3　各要因の影響度の評価 ……… 96
 4　おわりに：まとめと限界および今後の予定 ……… 97

第8章　看護師の離退職要因：英語論文の文献レビュー ── 101

 1　はじめに：研究の背景 ……… 101
 2　論文の選択 ……… 102
 3　レビューの結果 ……… 102
 4　おわりに：今後の課題 ……… 113

第9章　老後と資金計画 ── 117

 1　はじめに：老後にかかる費用 ……… 117
 2　先行研究 ……… 118
 3　シミュレーション分析 ……… 118
 4　追加検証 ……… 122
 5　より現実的なシミュレーション ……… 125
 6　おわりに：長生きリスク軽減に向けて ……… 125

第Ⅲ部　地域社会と高齢者ケア・障害者ケア

第10章　わが国地域社会における予防医療のあり方：健康格差の撲滅のために ———— 130

 1　はじめに：わが国の国民医療費の動向とその対策 ……… 130
 2　予防医療・予防介護と健康寿命の延伸 ……… 132
 3　都道府県比較から見えてくるもの ……… 135
 4　ソーシャル・キャピタルの充実による健康まちづくり ……… 140
 5　おわりに：地域特性に根差した予防医療 ……… 148

第11章　地域社会の変遷と持続可能性 ———— 151

 1　はじめに：過疎化と地域社会 ……… 151
 2　統計から見た人口動向 ……… 152
 3　統計から見た地域格差 ……… 154
 4　医療・福祉政策の変遷 ……… 157
 5　近年の医療・福祉政策 ……… 162
 6　おわりに：少子高齢化に対する今後の課題 ……… 165

第12章　地域包括ケアシステムと公私連携 ———— 167

 1　はじめに：入所ケアから在宅ケアへ ……… 167
 2　地域包括ケアシステムの概況 ……… 167
 3　家族介護者の変化 ……… 169
 4　個人のニーズに加え，家族のニーズに着目したケア ……… 171
 5　地域包括ケアシステムにおける公私連携 ……… 173
 6　介護の社会的孤立 ……… 175
 7　おわりに：在宅ケアにおける公私連携の重要性 ……… 176

第13章　医療機関における障害のある患者への
　　　　配慮や支援——————————————————— 178

　　1　はじめに：障害者差別は解消されたのか————————— 178
　　2　医療分野における障害者差別や偏見—————————— 178
　　3　障害者差別解消法————————————————— 180
　　4　事例調査————————————————————— 185
　　5　おわりに：障害者差別の解消に向けて————————— 190

第14章　高齢者ケア：地域における介護と医療の連携——— 193

　　1　はじめに：東アジア諸国の高齢化——————————— 193
　　2　介護保険制度と医療———————————————— 193
　　3　地域包括ケアシステムの可能性———————————— 195
　　4　おわりに：地域マネジメントの必要性—————————— 205

第Ⅰ部

各国医療制度事情

第1章

医療保障とその持続可能性

1　はじめに：医療改革の選択肢とその方向性

　欧米諸国や日本などの先進諸国は，1970年代の医療保障の充実と医療技術の革新，国民の医療選好の高まりなどを背景に，いわゆる「医療費の爆発」と呼ばれるような，経済成長のスピードを超えた医療費の増大に直面し，さまざまな改革に取り組んできた。しかしながら，医療というサービスの特性もあり，どの国も未だ医療費のコントロールには成功しておらず，苦闘を続けている。

　一方で，近年，目覚ましい経済成長を遂げつつある東アジア諸国においても，急速な国民の医療ニーズの拡大や少子高齢化の進展など，経済社会の急激な変化を背景に，医療基盤の未整備や格差などの課題を残したままで，医療費の急拡大が続き，その持続可能性が問われている。

　こうした問題意識のもとで，本章では，医療サービスの特性とそれを踏まえた医療改革の選択肢と方向性について，日本での経験も踏まえつつ，論じることとした。

2　医療保障の特徴

2.1　医療を巡る政策の次元

　医療とは，疾病の診断，治療のためのサービス体系をいうが，広くはその予防，さらに場合によれば介護（ケア）も含めていう場合もあり，本章ではその場合には保健医療と呼ぶことにする。

　医療あるいは健康の問題を考える場合，図表1-1に示すように，性格や次

元の異なる3つのレベルの対策があり、これらは相互に関連して影響を与えつつも、政策を考える場合には截然と分けて考える必要がある。

■図表1-1　医療（健康）を考える3つの次元

2.1.1　医療提供体制

まず、一般に医療と呼ばれるのは、疾病の診断をし、必要な治療を提供するサービスで、このような医療サービス基盤を医療提供体制と呼ぶ。今日の医療は高度に発達した専門的な医学薬学等の科学知識に支えられたサービスであり、どの国においても医師、歯科医師、薬剤師、看護師など、専門教育を受けて国家試験に合格した有資格の専門職によって提供される。このため、必要な専門教育のカリキュラムや国家試験の内容が国により定められ、その資質の確保と向上が図られている。このような各種の専門職を、その国の将来の医療需要に対応して、必要にして十分な数の養成を行うための計画と、そのための大学医学部などの教育施設の定員管理などが適切に行われる必要がある。

これら専門職の適切な養成と並んで医療提供体制の重要な課題が、医療が実際に提供される場である医療機関が全国に過不足なく適切に配置されることである。医療機関に関し人的・物的な基準を定め必要な規制を行っている基本法が医療法である。これらの医療施設のうち、とりわけ医療提供体制の中核をなす病院について、その地域的な偏在を是正し、各疾患・医療レベルに応じた地域での適正配置は、各国の重要な医療政策上の課題となっている。わが国では1985年の医療法改正により都道府県知事が策定する医療計画の仕組みが導入され、さらに少子高齢化が急速に進む将来の医療需要に適切に対応して地域の病院の再編を進めるため、2014年の医療介護総合確保推進法に基づき、地域医療構想が2016年度末までに全都道府県で策定されたところである。

2.1.2 医療保険

このような医療提供体制の整備が医療の基盤となるが，これだけで国民が必要なときに適切な医療サービスを受けることができるわけではない。医療は今日では極めて高額な専門的サービスであり，しかもこれを必要とする階層は，比較的健康に優れない低所得者や高齢者など，費用を負担する経済力の弱い層が多い。そこで，すべての国民に傷病時にその治療に必要な医療サービスを保障するためには，給付・反対給付均等の原則が貫く契約に基づく民間の医療保険では対応が困難である。このため近代の民主国家においては，その負担能力にかかわらず傷病時に必要な医療を経済的に保障する仕組みが発展してきた。これが医療保障と呼ばれ，わが国では公的医療保険がこれに当たる。

しかし，2.3で述べるように，医療費は経済水準の上昇，人口の高齢化や医療技術の高度化などに伴って，どの国においてもその費用負担を支える経済成長の伸びを超えて上昇を続けている。このため，将来的にどこまで，どの範囲の医療サービスを保障して行けるのか，その財政的な持続可能性が重要な課題で，各国とも医療費の抑制と合理化に向けた改革に全力で取り組んでいる。

2.1.3 保健（ヘルス）

なお，本章では中心的に取り上げないが，国民の健康を考えるとき，このような意味での医療サービス基盤とその経済的保障の基礎には，もっと広い意味で健康を支える基盤となる保健（ヘルス）と呼ばれる領域があることも視野に入れておく必要がある。どんなに高度な医療施設が整備され，高いレベルの医療保障制度を設けて最高の医療を保障するよりも，病気にかからないような予防や健康づくりが機能する社会の方が優れていることは言を俟たない。感染症予防のための検疫などの規制，食品や医薬品などの安全性確保対策，健康被害を防ぐための各種の環境規制などは国民の健康を守る上で必須である。さらに，生活習慣病が中心の疾病構造となっている現代では，子どもの頃からの食習慣や運動，睡眠など各種の健康づくりの重要性は一層増している。

2.2 医療サービスの特徴

医療も一般のサービスの一種だが，他のサービスには見られないようないくつかの特徴があり，これが医療への規制と財政支援の両面で公的関与が大きくなる原因となっている。

まず，医療が生命や健康に直結してこれを守るサービスであることから，貧富に関係なく，すべての人にその必要度に応じて平等に提供されることが望まれる，人道的・基盤的なサービスである，という点である。加えて，求められる医療の水準は，医学薬学等の進歩に伴い，またその社会の経済水準の上昇に伴い要求水準が増大するという，一種の奢侈財としての性格も有する。

　このため，人々の経済水準の上昇に伴って医療費は増大し，社会的にそれをどこまでだれがどう負担するか，できるか，という財政的な持続可能性の問題を厳しく突きつけてきている。

　さらに医療サービスの大きな特徴として，人の生命や健康に直接関わるだけに，あらゆるサービスの中でももっとも高いレベルの専門性が求められ，医師を始めとする高度の専門職によって独占的に提供されるという大きな特徴を有している。また，自然科学の一分野とはいえ，千差万別の個体差や病状に対応する技術であるため，提供されるサービス内容は医師などのプロフェッショナル・フリーダム（専門裁量）に委ねざるを得ない場合が多い。

　しかし他方で，人の生命に関わるサービスであり，また財政的な関与も大きいため，さまざまな形で公的な関与・規制が避けられない。このため，どの国においても，医療提供体制や医療保障制度は法律に基づき国や保険者の関与が大きく，そこから常に医療団体との軋轢や調整が必要となり，政治や政策の役割が重要になってくる。

2.3　先進諸国の医療費の動向

　1970年代の世界的な医療技術のブレイクスルーを契機として，先進諸国では医療費の爆発と呼ばれる医療費の高騰が起き，医療費の適正化が共通の政策課題となった。このような背景の下で，先進諸国の経済協調と経済開発を調整するために設置されたOECDでは，各国の医療問題に対応するために共通の基準に基づき加盟国から医療提供体制や医療費に関する報告を求め，これをHealth Data[1]として毎年公表するようになった。これが現在では国際的な医療に関する比較を行う際の基礎統計として定着している。

　その2016年版によれば，主要国の総保健医療費の対GDP比の年次推移は，図表1-2の通りである。

■図表1-2　主要国の総保健医療費の対GDP比の年次推移

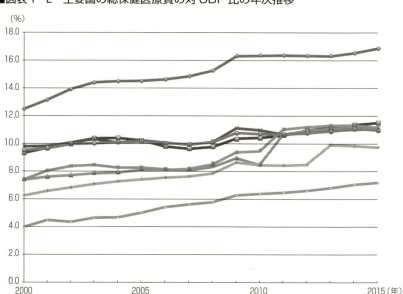

（出所）OECD（2016）Health Statistics 2016.

　ここから明らかなように，主要国においては例外なく医療費の対GDP比率が上昇している。その中でも群を抜いて医療費負担が大きいのがアメリカで，すでにGDPの17％にまで至っている。

　アメリカ以外の主要先進国では，日本を含めてGDPの11％前後のところが多く，税による国民保健サービスで医療への公的関与の大きいイギリスがやや低い負担となっている。日本は少し前までは，イギリスと並んで先進国の中では相対的に低い負担で公平で自由な医療へのアクセス，平均寿命や健康寿命，乳幼児死亡率などの健康指標で高いパフォーマンスを示してきたが，最近では経済の低迷と相俟って，経済に占める医療費負担は先進国の中でも重い部類に属するようになっている。

　もう1点，この図表中には示していないが，今後の医療保障の持続可能性との関連で注目すべきは，公的医療保障とこれでカバーされない私的な医療費負担の比率である。アメリカ以外の先進国では，日本を含む各国でこれがおおむ

ね80％台前半となっており，保険適用外医療への支出や患者一部負担などを合わせた私的支出比率は1割台に止まっている。

しかし急速に経済発展を遂げ，医療保障も改善が進んでいるアジア諸国では，まだ保険適用外医療や混合診療，患者一部負担など患者の私的負担の比率が高く，公的支出比率は韓国が56％，中国が55％に止まっている。このため，これらの国々では，今後，公平で充実した医療保障を求める声が国民の間でさらに高くなり制度の改善が進んだ場合，急速に進む社会の高齢化と相俟って，医療財政の負担が急増し，日本以上に持続可能性を巡る厳しい状況が予測される。

3　医療費用の増加要因と将来推計

3.1　医療費用の増加要因

医療費の増加要因にはさまざまなものがあるが，主なものは次の通りである。
①需要側の要因
- 人口の増加
- 人口の高齢化
- 患者負担の軽減に伴う過剰需要

②供給側の要因
- 医師，看護師，病床等の増加
- 医療技術の高度化・高額化，高額な新薬の開発など

③政策要因
- 診療報酬の改定
- 医師等の専門職の育成数や病床の供給量の増減

3.1.1　需要側の要因

人口の増加は必然的に医療費総額の増加をもたらすほか，人口構成の変化，とりわけ高齢化の進展に伴い，有病率が高く，複数の慢性疾患を抱える高齢者が増加するため，医療費は増加する。わが国では，1973年の老人医療費無料化により高齢者の患者負担がなくなったことや，病床規制の導入が1985年と遅く，また民間医療機関が多く行政の直接的なコントロールが及びにくいことなどから，先進諸国の中では人口当たりの病床数が格段に多く，平均在院日数も極端に長く，高齢者とその他との格差が大きい。その結果，75歳以上の高

齢者とその他の間では，一人当たり医療費が約4.5倍もの格差がある。このため，今後さらに高齢化が進む中で，高齢者の医療費を中心に，医療費の伸びの抑制と医療の質の向上をどのようにして実現し，医療の持続可能性を維持できるか，大きな課題を抱えている。

3.1.2 供給側の要因

医療サービス市場は，通常の財やサービスの市場と異なり，医師と患者の情報の非対称性や患者の選択の余地の少なさなどから，供給によって創出される需要が存在することがよく知られている。このような医療供給側の費用増加要因としては，医療の高度化や専門分化などに対応する医師を始めとする医療職の増加がある。

また，1970年代に続き，現在はICT技術の応用，バイオテクノロジーの進化，ロボット技術の飛躍的発展など，さまざまな分野における画期的な技術の開発・医療応用が花開きつつある。これらの新技術により生み出される新たな医療機器や技術，新薬，再生医療などは，これまで治療できなかった傷病の治療に画期的な効果を挙げるものがでてきている反面，従来とはレベルが違う超高額な費用がかかるものも増えてきている。

とりわけわが国では2015年はがんの免疫治療薬のオプジーボやC型肝炎治療の抗ウィルス薬であるソバルディ錠やハーボニー配合錠などの超高額薬剤により医療費のうちでも薬剤費が大幅に増加して，大きな社会的関心を集めるまでになった。

このような超高額な医療機器や医薬品などは，これからも続々と実用化が見込まれており，これに対する費用対効果の評価法の開発・確立や保険導入のルールなど，早急に整備する必要がある。

3.1.3 政策要因

以上のような自然増要因と並んで，医療費の増加や減少をもたらすもっとも直接的な政策要因として，診療報酬や薬価基準の引上げや引下げがある。わが国では，近年，高齢化等に伴う医療費の自然増が続く反面で，これを支える保険料の基礎となる賃金の伸びはゼロないしマイナスが続き，さらに医療費の3割以上を占める公費負担を支える国の財政状況も厳しい赤字財政が続いたことから，診療報酬改定においては厳しい状況が続いてきた。具体的には，2000

年以降，2年に1度の改定では，＋0.2％，▲2.7％，▲1.0％，▲3.16％，▲0.82％，＋0.19％，＋0.004％，＋0.1％，＋0.49％という改定が行われてきた。それでも大幅なマイナス改定にまでは至らず，また診療報酬支払い方式の改革には踏み込んでおらず，重要な課題が残されている。

3.2 医療・介護費用の将来推計

国立社会保障・人口問題研究所では，毎年の社会保障に係る費用の総額を「社会保障費用統計」として公表している。これが戦後の団塊の世代全員が後期高齢者となる2025年度までにどのように増加するかを厚生労働省が予測したものが**図表1-3**である。

この将来推計は，現在の性別・年齢別医療費や介護費をもとに将来人口推計で予測される人口構成に置き換え，それにすでに見込まれる制度改革による変化を考慮して機械的に推計を行ったものだが，それでもいくつか重要なトレン

■図表1-3 社会保障に係る費用の将来推計

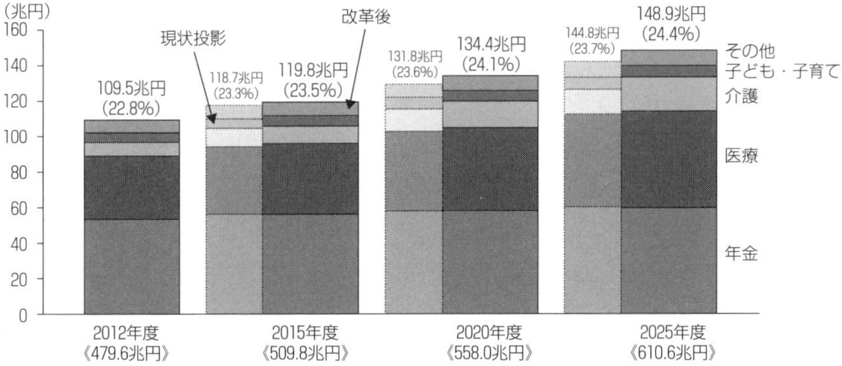

注1：「社会保障改革の具体策，工程及び費用試算」を踏まえ，充実と重点化・効率化の効果を反映している。
（ただし，「Ⅱ　医療介護等　②保険者機能の強化を通じた医療・介護保険制度のセーフティネット機能の強化・給付の重点化，逆進性対策」
および「Ⅲ　年金」の効果は，反映していない。）
注2：上図の子ども・子育ては，新システム制度の実施等を前提に，保育所，幼稚園，延長保育，地域子育て支援拠点，一時預かり，子どものための現金給付，育児休業給付，出産手当金，社会的養護，妊婦健診等を含めた計数である。
注3：（　）内は対GDP比である。《　》内はGDP額である。
（出所）厚生労働省資料

ドが見て取れ,今後の対応策を考える上で参考になる。

　一つは,社会保障費の増加に占める年金の比重の低下である。年金は現役世代から高齢世代への移転所得であるため,少子高齢化の影響を直接的に受ける。このため,現在では社会保障の最大の領域であり,そのほぼ半分を占めている。しかし,2004年に導入されたマクロ経済スライドの自動調整の仕組みにより,今後の経済成長の見通しや人口推計のもとでも,すでに過度の費用増加を抑える仕組みが働いており,2025年度においても12年度に比較して12%程度の増加の見通しに止まっている。

　これに対して,専門職によるサービスの費用である医療や介護の分野では,一定の改革を盛り込んだ上でも,医療は54%増加の54兆円,介護に至っては236%増加の20兆円が見込まれ,この両者を合わせると年金を遙かに超える費用が見込まれている。このため,今後の社会保障が財政的に持続可能かどうかのキャスティング・ボードは,この両領域の費用の合理化・効率化をいかに実現できるかにかかっているといっても過言ではない。

4　医療費負担の選択肢とわが国の選択

4.1　医療費負担の選択肢

　国や制度の違いを越えて,医療保険制度により国民への医療保障を行っている国において,およそ医学・薬学等の水準に応じた医療を保障するための選択肢としては,**図表1-4**のような構造で統一的に把握することができる。

　なお,わが国の例でいうと,図表中の白い矢印は戦後から主に1983年の老人保健法の制定ないし84年の健康保険法改正(被用者本人の1割負担の導入など)前までの改正の動きを,また黒い矢印はこれらの改正から現在に至るまでのわが国の改正の動向を示している。以下,図表中の番号に対応して実際に選択されてきた政策の動向を整理する。

■図表1-4　医療費負担の選択肢と方向性

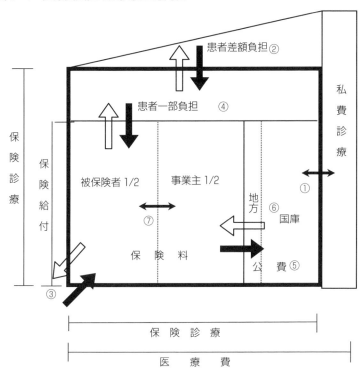

4.2　保険診療に取り入れるか，私費診療に委ねるか？（①の選択肢）

　最初に医療保険の選択として重要になってくるのが，その時々の医学薬学の水準に照らして医療行為や医薬品としての有効性と安全性が確立したもののうち，どこまでを保険で給付する医療，つまり保険診療として取り入れるか，という選択である。

　わが国では，かつて経済発展が十分でなく医療保険財政が厳しかった時代には，高額な抗生物質などは保険診療で自由な使用は認めていなかった。これを制限診療と呼んだが，医療担当者や患者の要請に応えて，1963年から64年にかけて，いわゆる制限診療の撤廃が行われ，原則として有効性・安全性が確立した医療行為は保険診療に取り入れてきた。その結果，今日では，まだ実験段階の新技術や美容整形などの審美的な医療などの若干の例外を除いてすべて保険診療に取り込まれている。

4.3 基礎部分を保険診療に取り入れつつプラスアルファの差額負担を認めるか―混合診療を認めるか？（②の選択肢）

①で保険診療の範囲が決まれば，次に，保険診療と保険外診療との併用，いわゆる混合診療を認めるか，認める場合には濫用を防ぐためにどのような手続き・条件で，どの範囲で認めるか，という選択肢が課題となる。

わが国では，伝統的に混合診療は原則として禁止し，例外的に個室・二人室の室料差額，いわゆる差額ベッドと，歯科補綴に限って例外的に認めてきた。特に歯科補綴については，一時期差額負担を拡大した時期があったが，これが濫用され，被保険者が不当な差額負担を求められるなど保険診療に対する信頼を揺るがす事態になり，社会的に強い批判を浴びたため，これを縮小し，前歯の金合金による補綴の場合の材料差額に限って認めることとしてきた。

しかしながら，このような運用レベルで抑制的に認められた仕組みが，1984年の健康保険法等の改正により特定療養費制度として制度化され，1994年には入院時の給食材料が対象に加えられ，その後も混合診療解禁論の流れの中で，2006年には保険外併用療養費制度に改められて内容も評価療養と選定療養に区分され，さらに2015年には患者申出療養が加えられるなど，徐々にではあるが，拡大の傾向を見せている。

4.4 保険診療総体の合理化（③の選択肢）

こうして保険診療の範囲が決まれば，次はこれをだれがどう負担するかを検討する前に，だれが負担するにせよ，対象となる保険診療が適切で無駄のない，合理的なものであることが求められることは言を俟たない。

具体的には，病院配置や病院の機能分化と連携，病院と診療所間や専門医と家庭医との役割分担と連携，医師等の養成計画の見直しなど，さまざまな領域での医療提供体制の再編合理化，疾病管理計画など新たな医療提供システムの開発・普及，診療報酬支払い方式の改革など，多くの重要な手法が各国で開発され導入されてきている。

4.5 患者一部負担の水準（④の選択肢）

保険診療の範囲が決まれば，今度はどの費用をどれだけ医療を受診する患者自身が負担し，残るどれだけの費用を保険から給付するか，という選択をする必要がある。両者はトレードオフの関係にあり，患者負担がゼロであれば10

割給付になり，3割負担であれば7割給付ということになる。なお，この患者一部負担は，とりわけわが国ではこれが医療サービス消費に対するコスト意識ないしは負担感により，患者の受診動向あるいは医師の提供する医療内容の選択を通じて，③の保険診療費総体に及ぼす影響も重視されてきた。

わが国では，健康保険では被保険者本人はほぼ10割給付で受診時の負担はほとんどなかったが，扶養家族は5割給付だった。国民健康保険ではすべて5割給付だった。それが経済成長による保険料や税収の増加に支えられて，給付改善が図られ，逐次7割給付になり，家族外来8割給付となり，そのピークが1973年のいわゆる福祉元年といわれた年の改正で，高齢者については自己負担分を国庫で肩代わりして，老人医療費無料化に踏み切った。

しかし，ちょうど同じこの年に発生した第4次中東戦争をきっかけに起きたオイルショックにより，日本を含む世界的な経済の混乱と低迷が始まり，わが国の高度経済成長も終わりを告げ，折しも本格化を始めた高齢化社会の到来の中で，財政再建と医療保険の建て直しが急務となった。

こうして患者一部負担については，1983年の老人保健法の施行以降，現在に至るまで引き上げることにより給付費を抑制する政策が一貫して取られてきた。

加えて，定率負担の引き上げと並んで，その負担上限を定める高額療養費についても，一般被保険者と高齢者ともに引き上げられてきた。

4.6　公費負担の位置づけ（⑤と⑥の選択肢）

公的医療保険制度を有する国においては，制度間の財政力の格差の調整や保険になじまない給付の費用，あるいは低所得者への支援などの意味で，程度の差はあれ，公費を投入している場合が多い。

とりわけわが国では，国民皆保険の基礎となった国民健康保険の財政基盤が弱かったことや，1948年の市町村公営原則の採用により，その保険者を市町村が担ってきたことなどもあり，これに対する国庫負担が逐年拡大され，医療費全体に占める公費の比率が3割を超えて高い。この点は同じ公的医療保険制度を有しながら制度創設以来一貫して公費を投入せず保険料だけで財政を賄ってきたドイツとは好対照である[2]。

わが国では国民皆保険導入以降，国庫負担を拡大して給付改善を図り患者負

担の軽減を進めてきたが，この流れが大きく反転したのが1983年の老人保健法で，これ以降，国庫負担が抑制され，徐々にではあるが患者負担の比率が増大してきた。また近年では，公費負担の比率はほぼ横ばいの中で，国庫負担はやや減少傾向の反面，都道府県など地方自治体の公費負担の比率が拡大傾向にあることも注目される。

4.7 労使折半原則の修正（⑦の選択肢）

医療保険料が10％程度に止まるわが国ではまだほとんど議論になっていないので本章では詳細は論じないが，社会保険料負担が40％を超えたドイツでは，労使折半負担による事業主の保険料負担が企業の賃金付随コストを増大させ，これがドイツ企業の国際競争力を削ぎ，企業の雇用意欲を抑制して失業率の改善を阻むとして，その軽減が大きな社会的な課題となった。

このような文脈で，社会保険の世界で当然視されてきた労使折半原則が一部修正され，2014年改正により，医療保険については労使折半の一般保険料は法律上14.6％に固定され，これを超える費用が必要になった場合には，被保険者のみが負担する追加保険料によることとされた。

5　わが国の医療保険改革の最近の動向

1980年代以降のわが国の医療（保険）改革は，少子高齢化の急速な進展，経済の低迷と財政難という外的環境の下で，医療給付費の抑制と国庫負担の削減という基調で貫かれている。

その改革手法には革新的なものは見られず，旧来の手法がその時々の国の予算編成方針や具体的な予算のシーリングの枠組みに納めるために，繰り返し用いられてきたといえる。

5.1　患者一部負担の引上げ

具体的には，第一に患者一部負担の引上げによる保険給付費と国庫負担の抑制という手法である。この30年あまりの医療保険改正ではほぼ毎回といってよいくらいに多用されてきた。その結果，現在では原則として3割負担まで患者負担が増加しており，高額療養費制度が設けられているとはいえ，今後さらなる引上げは限界にきているといえよう。このことは，3割負担への引上げを行った2002年の健康保健法等の一部改正法附則第2条にその旨が規定されて

いる³ことは別にしても，先進諸国の中で患者一部負担の比率はもっとも高い部類に入っており，医療保障の趣旨から見ても患者負担の引上げに偏った財政対策はもはや限界であろう。

ただし，高齢者についてはかつての老人医療費無料化の残滓として今なお一般の被保険者と比べて優遇されており，その是正は引き続き推進すべきである。

5.2 財政調整の重用

第二は，制度間の財政調整により，財政構造の弱い制度に対する優良な保険者からの拠出・支援による財政対策で，これも制度が分立したままで国民皆保険を維持してきたわが国で重用されてきた手法である。かつては健康保険組合，政府管掌健康保険，国民健康保険という，異なる被保険者構造をもつ制度間のバランスを国庫負担の傾斜配分により実現，維持してきたが，国の財政悪化に伴いさらに進行する高齢化の下でもはやその維持が困難になって以来，この手法が多用されてきた。大がかりなその最初のものが1983年の老人保健法であり，84年の退職者医療制度である。その後も制度間，制度内の各保険者間での財政調整や相互支援により財政基盤の弱い保険者の救済が図られてきた。

これがさらに加速されてきたのが，2013年8月の「社会保障制度改革国民会議」の報告以降で，この報告書で社会保障費用の公平な負担という点が強調され，とりわけ被用者保険内で，給与水準が異なる健康保険組合や共済組合と協会けんぽとの間で，後期高齢者医療支援金や介護保険の介護納付金を人頭割から総報酬割に段階的に切り換える措置が講じられてきている。

5.3 診療報酬改定を通じた医療費のコントロール

第三に，以上のような財政対策と並んで，わが国で保険医療費総体をコントロールする手法として一貫して用いられてきたのが，厚生労働大臣の告示で統一的に定める診療報酬と薬価基準の改定作業によるものである。

既述のように近年では厳しい保険財政や国家財政を背景に抑制的な改定が続いているが，政策改定によらない自然増があるため，医療費としては毎年の保険料収入を支える国民所得の伸びを超える増加が続いている。また，2年ごとの改定で望ましい医療の方向に向けたさまざまな工夫は盛り込まれているものの，つぎはぎの改定が重ねられ，抜本的な改革からは程遠い現状に止まっている。

6　おわりに：今後の医療改革の課題

　4で見たような手法を通じて，わが国ではこの30年あまりの間，医療保険改革が進められてきたが，ドイツなど諸外国と比べて旧来の使い慣れた手法の繰り返しで，革新的な手法への挑戦は見られない．

　こうした中で，わが国でも諸外国でも，医療（保険）改革の主戦場は，患者負担や財源論から医療提供体制の改革に移ってきている．とりわけ，今後のわが国の医療の質の向上と医療保険財政の持続可能性を考えるとき，2014年の医療介護総合確保推進法により導入された地域医療構想の成否がカギを握ることになろう．この仕組みは，2013年の国民会議報告で打ち出された方針を下に制度化されたもので，今後，団塊の世代全員が後期高齢者になる2025年までに，これまでの病院完結型医療を地域完結型医療に転換しようとしている．

　その具体的な手法として，実際に行われている診療行為の密度に関するデータに基づき，各病院の病棟を高度急性期，急性期，回復期，療養期に分類し，在宅医療への移行を含めて，各病床機能の必要量を国が推計し，その示す算定式を用いて各都道府県ごとに将来の必要病床数を推計する．そして，ほぼ現在の2次医療圏に対応する調整区域ごとに設置された調整会議での協議を通じて，現状の分析と将来の必要量を推計して，各病院の機能分担のあり方を見直し，病床再編を進めようとするものである．

　2016年度末までに全都道府県で地域医療構想が策定され，医療計画に位置づけられ，いよいよこれから具体的な調整が本格化する．膨大なデータに基づき，各地域の医療機能が明らかになって，マクロでの客観的な議論の土台は整ったが，各病院の生き残りを賭けて，強い反発や抵抗が予想される医療団体を説得し押し切って実現するための強力なツールは用意されていない．わが国の医療のあり方を大きく変えていくために，この仕組みがどれだけ実効性を伴って変革を実現できるか，重大な関心を持って保険者も国民も見守る必要がある．

　世界のどの先進国にも先駆けて最高水準の高齢化が最速のスピードで進みつつあるわが国で，この課題に果敢に挑戦しない限り，医療保険の財政的な持続が不可能になることは火を見るよりも明らかであり，後に続くアジア諸国に

とっても，これからの政策実現の帰趨が注目される。

（田中耕太郎）

注

1 2016 年版からは，Health Statistics と名称を改めている。
2 そのドイツにおいても，保険料率が 14％を超えるに至り，事業主の社会保険料負担の抑制の観点から，2004 年以降，連邦補助を導入している。もっともその比率は保険診療費の 7％程度に止まる。
3 2002 年の健康保険法等の一部を改正する法律附則第 2 条では，「医療保険各法に規定する被保険者及び被扶養者の医療に係る給付の割合については，将来にわたり百分の七十を維持するものとする。」と規定されている。

引用・参考文献

厚生労働省『国民医療費』各年版
国立社会保障・人口問題研究所『社会保障費用統計』各年版
OECD（2016）Health Statistics 2016.

第2章

UHCと東アジア（特にASEAN諸国）の医療・病院

1 はじめに：UHCとASEANの医療

やや古いデータであるが，何らかの形で国民を包括する医療制度（UHC：Universal Health Coverage）[1]を整えている国の数は58カ国で，およそ4カ国に1国ぐらいの割合である（Stucker et al., 2010）。UHCが達成された状態とは「すべての人が，適切な健康増進，予防，治療，機能回復に関するサービスを，支払い可能な費用で受けられる」ことを言う。

わが国の場合，UHCは1961年に達成された（わが国では医療サービスの財源調達を社会保険方式に依っているため皆保険と呼ぶが，英国やスペインのように財源を税金でまかなう場合もある）。

本章では，UHCと東アジア，特にASEAN諸国の医療・病院について考えてみる。今ではASEAN加盟国のほとんどが中進国へと移りつつあるが，同時に，高齢化の波も急速に迫っていることは周知の事実であろう。ASEAN諸国も経済発展とともに，都市化や食生活による肥満の問題，生活習慣病（がん，糖尿病，心臓疾患等）の問題を抱えている。また，都市に投資が偏るために，医療レベルの地域間格差の問題や病院の能力の公私間格差の問題も生じている。いわば，基礎的医療の受給に苦しむ者もいれば，金さえ積めば最先端の医療（時にはメディカルツーリズムとして海外からの患者を受け入れられる水準の医療）を受けられる者もいるというのがASEAN諸国の実情である。本章の構成は，第2節でわが国におけるUHCの展開を簡単に述べ，次いでASEAN諸国に対するUHCの普及戦略，そして，ASEAN諸国の医療・病院の状況について考

察を加えていく。

2 わが国の UHC の歴史的展開

2.1 わが国の UHC 前史

わが国における UHC は 1961 年達成されたが，それまでの経緯は以下のようになっている[2]。まず，1922 年に健康保険法が社会保険立法として成立する（施行は 1927 年）。健康保険法の創立当初は，工場法・鉱業法の適用を受ける労働者に限定されていた。さらに，1939 年に販売・金融等の事務職を対象とした職員健康保険法が制定されるが，この制度は 1942 年に健康保険法に吸収され，民間被用者全般を対象とした健康保険制度が出来上がった。一方，1938 年に制定された国民健康保険法（以下，旧国保）では，窮乏状態にあった農民を対象としていて，また，旧国保の保険者は任意設立の組合であり市町村ではなかった。その後，より戦時色が強まると，「健兵健民」方策の一貫として旧国保も捉えられ，地方長官が必要であると認めた場合には組合を強制設立可能となった。

戦後，健康保険や旧国保は物不足やインフレによる医療費の高騰によって機能不全に陥った。特に旧国保は農民等の生活難から保険料の滞納が増え，保険事業の維持できない組合が続出した。政府は，旧国保の財政問題に注視し，1948 年に旧国保の保険者を組合ではなく市町村の公営にするという制度改正を実施した（市町村公営主義という）。1955 年には国民健康保険療養給付に対する 2 割の国庫扶助も決定した。

やや先取りするが，わが国のように"被用者対象の健康保険"と"その他国民の健康保険"という二本立ての制度になったのは，社会保障制度審議会が 1950 年に行った「社会保障制度に関する勧告」による。といっても，こうした二本立てによる皆保険制度は，政策としてはなかなか取り上げられなかった。風向きが変わったのは 1950 年代中頃から社会保険の未加入者が社会問題となり始めたことの他に，①朝鮮戦争による特需景気が終了したことにより保険財政（特に政管健保）が悪化し，1954 年には診療報酬の遅滞という事態に陥ったこと，②保険診療の増加とともに医師の診療報酬引上げに対する要求が高まったこと，③加えて過誤請求等を背景に保険医や保険診療に対する規制論議が巻

き起こったことにより，④厚生省と日本医師会との対立が激しくなっていたことによる。このような諸問題に対処するため，社会保障制度審議会[3]は1955年3月に医療保障特別委員会を設置し検討を開始した。

2.2 わが国におけるUHCの実施

わが国の経済事情が再び好転し始めた1955年以降，国民皆保険への社会的要請が強まり，政治課題へと変わっていった。それには，「七人委員会の報告」（1955年10月）や社会保障制度審議会の「医療保障制度に関する勧告」（1956年11月）の役割が大きかった。1953年3月から検討を開始していた「七人委員会の報告」と社会保障制度審議会の「医療保障制度に関する勧告」とに共通する項目は，政管健保が対象とする零細企業の従業員の保険のあり方であった[4]。1950年代のわが国社会・経済状況で問題となったのは，経済の二重構造のもとでの中小零細企業労働者や不安定就労者の状況であった。彼らの劣悪な労働環境や就労自体の不安定さが問題視されていたのである。また，社会保険に関しても，国民の3分の1にあたる約3千万人が医療保険や年金保険の適用外とされ，病気時や退職後の生活不安にさらされていた。こうした二重構造問題については，単に賃金等の雇用条件の改善のみではなく，社会保障での対応，特に未加入者問題への対策を講じることが求められた。

1955年11月に自由党と日本民主党が合同して自由民主党が結成され，1956年1月，鳩山一郎首相は施政方針演説の中で「全国民を包含する総合的な医療保障を達成することを目標に計画を進める」ことを明らかにした。そして翌年，厚生省に国民皆保険推進本部を設け検討が進められ，1958年の旧国民健康保険法の全面改正により，1961年4月から全市町村で国民健康保険事業が実施されることとなった。

2.3 UHCの意義

UHCの意義はなんであろうか。UHCの本質は，広義には世界中のすべての人々が，必要な保健医療サービスを，負担可能な費用で受けられることになった状態を指す。ただし，世界中がそのような状態に至るには相当な時間が掛かると考えられるので，一国内で必要な保健医療サービスを，負担可能な費用で受けられることとするのが実際的な定義であろう。UHCを実現する上で，制度の特徴付けはUHCをどのように運営するかで決まってくる。わが国のよう

に強制保険制度を取る場合もあれば，イギリスに代表されるように，財源を税金で賄う場合もある。いずれにしても，医療を負担可能な水準で受給できるということが重要である。ただし，この医療というものの程度に関して千差万別である。昨年，大きな話題となった高額な抗がん剤の使用に関しても，わが国では高額療養費制度（医療費の家計負担が重くならないよう，医療機関や薬局の窓口で支払う医療費が1か月「暦月：1日から末日まで」で上限額を超えた場合，その超えた額を支給する制度）がUHCの中に内包されているので，文字通り，患者は費用を家計の範囲で賄うことが出来る。恐らく，UHCをここまで徹底して提供しようとしている国はわが国ぐらいのものであろう。

後述するように，わが国ではUHCを世界に普及しようとしている。2011年にLancet誌でわが国の皆保険が特集された。この中で，クリストファー・J・L・マレーはわが国のUHCから得られる4つの示唆をあげている（うち，3つは日本のUHCを外国に適用する際の問題点の指摘であり，最後のひとつは日本のこれからのUHCに対する示唆である）。

その第1は「政府の強力な行動により，効果的な感染症対策を実施することができる」というものである。1960年のわが国のGDPは総額19兆円で，一人あたりGDPは21.7万円（当時のドル換算で572ドル）であり，アメリカの5分の1，イギリス・フランスの4割程度であった。こうした貧しい中でも高水準の教育も大きな要因として，日本の感染症対策は功を奏したというものである。

第2は，わが国の死亡率の急激な低下は，主に公衆衛生対策および血圧などの主要危険因子のプライマリ・ケアにおける管理によるというものである（死亡率第一位の推移，結核，脳血管疾患，がんであることを想起されたい）。たしかに，日本の保健医療の成果は優良であり，かつ，医療費の対GDP比は低いが，リスクの異なる外国に日本のUHCの成果がそのまま当てはまるかどうかはわからないというものである。

第3は，第2と関連し，危険因子の優位性に関するものである。マレーは，1950年代に日本の虚血性心疾患や一部のがんの死亡率が低かったことを取り上げ，保健システムの実績を評価する際には，危険因子が低かったことによる優位性の影響を考慮しなければならないとするものである。

そして，第4は，経済停滞，政治の混乱，高齢化，十分ではないタバコ規制という状況の中で，日本は保健医療の新たな課題に効果的に対応しているようには見えないとするものである。これらの課題に取り組むには，従来の安価で多くの患者を診るという医療アクセスを全国民に保証するだけでは不十分であるとしている。

マレーの言いたかったことは，UHCを推進する上で，①感染症対策は貧しい中でも可能であるということ，②食文化の違いや体質の違いを考慮する必要があるということ，そして，③皆保険という保険システムだけではなく，医療職のあり方や医療機関のあり方等，制度のパッケージとしてUHCの手段を考えろということを述べているのだと思われる（同様な指摘は島崎，2014）。

3 UHCの普及

3.1 経緯

上述したように，2011年にLancet誌上でわが国の皆保険制度の特集が組まれた。UHCの実現は，2012年12月の国連総会で国際社会の新たな共通目標として決議されている。日本政府は，自国の優れた医療保障制度の実績に基づき，2013年6月に表明した「国際保健外交戦略」の中で，UHC実現に向けた支援を柱として掲げたほか，2013年6月の第5回アフリカ開発会議（TICAD V）で，アフリカにおけるUHCへの貢献を打ち出している。

ASEAN諸国に関する限り，1997年の橋本龍太郎首相（当時）による「橋本イニシアティブ」以来，ASEAN+3の枠組みの中で，保健分野や社会福祉分野における援助を拡大していた。そして，これらの取り組みが，「ASEAN日本社会保障ハイレベル会合」や，「ASEAN+3社会福祉・保健大臣会合」等の開催が定期的に実施されている所以である。一方で，援助実施機関であるJICA（国際協力機構）は「人間の安全保障」の概念から，近年，社会保障分野での活動を活発化させている。

UHC普及・啓発活動の2012年以降の時系列的な動きとしては，2012年10月に東京でUHCに関する日本・世界銀行共同研究プログラムが開催された。2013年12月には同じく東京で保健政策閣僚級東京会合（ユニバーサル・ヘルス・カバレッジに関する日本・世界銀行共同研究プログラム成果発表国際会議「保

健政策閣僚級会合」）が開催された[5]。2014年には，4つの報告書「UHCに関する日本・世界銀行共同研究プログラム」（10月，ワシントンDC），「UHC実現に向けて：東アジアの経験から学ぶ」（10月，東京），「UHCに関する日本・世界銀行共同研究プログラム」（11月，東京），「包括的かつ持続的な発展のためのUHC」（11月，東京）に関するイベントが開催された。こうした一連の報告書のうち，包括的なものとしては，世界銀行グループ報告書「全ての人々に保健医療サービスを：ボトムアップ型のユニバーサル・ヘルス・カバレッジ改革―24カ国の取組み」がある。

この報告書では，保健医療へのアクセスを拡大し，必要な医療費の支払いが原因で貧困に陥る人の数を減少させるため，世界中でより多くの国がUHCプログラムを導入していることが指摘されている。また，保健医療システムが富裕層に比べ届きにくい貧困層にもサービスが確実に行き渡るよう，その取組みについて論じている。さらに，UHCの対象範囲の拡大，サービス内容の充実，資金管理，保健医療サービス提供の改善，国民に対する説明責任の強化を5つの重点課題として取り上げ，各国の政策担当者による取組みを分析している。

世界保健機関（WHO）と世界銀行グループは，基礎的保健医療サービスにアクセスを持たない人は4億人に上り，医療費の自己負担が原因で極度の貧困に陥る，又は貧困が一段と深刻化する人は低中所得国の人口の6％に達するとしている。世界銀行のUHCに対する期待は，人々の健康状態の改善，貧困削減，そして経済成長の加速化である。これらは，まさにかつてのわが国が経験したことであるので，わが国への期待は大きい。

3.2　わが国の最近の動き

こうした世界銀行と歩調を合わせたUHCの普及・啓発活動の他にも，わが国独自の動きがある。それは，日本・ASEAN健康イニシアチブと呼ばれる（2014年ASEAN首脳会談にて安倍総理より表明）。これは，わが国の経験・知見を動員し，「健康的な生活習慣の促進」「早期発見・予防医療の推進」「多くの人が医療サービスを受けられる環境整備」を柱にASEANを支援。さらに，保健・医療分野において5年間で8,000人の人材育成を実施するというものである。

また，2017年7月には日・ASEAN UHCイニシアチブが採択されている。

ここでは，ASEAN加盟国において，健康関連の持続可能な開発目標の指標を含む保健データを作成するための基礎となる住民登録・人口動態統計の普及を推進することが定められ，また，ASEAN加盟国と日本の研究者による高齢化とUHCに関連した栄養，運動等の共通の研究テーマに沿った共同研究を推進し，政策研究者のネットワークの構築，WHO健康開発総合研究センター（WHO神戸センター）の研究スキームの活用を行うことが決まっている。

4 ASEANの医療・病院

4.1 ASEAN諸国の健康保険の状況

ASEAN諸国は多様であり，これから何らかの共通項を見いだすことは難しいが，高齢化というキーワードは確かなようである（図表2-1）。マレーシア，タイ，ベトナムに関しては平均寿命も70歳代半ばであり，ブルネイに至っては80歳が目前である。

実は，始めに述べたように，ASEAN諸国の健康状況に関する情報はかなり正確に分かっている。それは，ほぼ，戦後のわが国が辿った道と通ずる。具体的には，①都市化・食生活の欧米化による肥満の増大，②生活習慣病の急増（がん，糖尿病，心臓病等）である。また，これは，ASEAN諸国の問題であるが，③医療レベル格差の拡大（公立⇔私立，都市⇔地方）が存在する。

①について，わが国の場合，高度経済成長の過程を経て，1970年代に子供の肥満が問題になった。その後，先行していた成人病という言葉が生活習慣病という言葉に変わったのは1996年のことであった。また，健康日本21という名前に変わっているが，1978年から健康増進施策は開始されている。いわば，健康的な生活習慣の促進をASEAN諸国に，どのように定着させるかという課題がある。②に関しては，わが国では1940年から集団検診が開始され，1984年からは対がん総合戦略の開始，2008年からは特定健康診査および保健指導開始されている。早期発見・予防医療の推進の重要性をASEAN諸国に根付かせるかという課題である。

③については，わが国の場合，皆保険制度が医療アクセス，費用といった点での患者の公平性は担保され，また診療報酬制度という公定価格制度のおかげで私立の医療機関においても診療を受けても基本的な費用面での差はない。言

■図表2-1 ASEANの人口, GDP, 医療状況

	人口 (万人)	都市人口 比率	名目GDP (億米ドル)	1人当GDP (米ドル)	平均寿命	医療費支出 (対GDP比)	妊産婦 死亡率	乳幼児 死亡率
ブルネイ	42	77.5	114	26,939	79.04	2.5	23.0	8.6
カンボジア	1,576	20.9	200	1,270	68.66	1.3	161.0	24.6
インドネシア	26,112	54.5	9,323	3,570	69.07	1.1	126.0	22.8
ラオス	676	39.7	159	2,353	66.54	0.9	197.0	50.7
マレーシア	3,119	75.4	2,964	9,503	74.88	2.3	40.0	6.0
ミャンマー	5,289	34.7	674	1,275	66.04	1.0	178.0	39.5
フィリピン	10,332	44.3	3,049	2,951	68.41	1.6	114.0	22.2
シンガポール	561	100.0	2,970	52,961	82.60	2.1	10.0	2.1
タイ	6,886	51.5	4,068	5,908	74.60	3.2	20.0	10.5
ベトナム	9,270	34.2	2,026	2,186	75.78	3.8	54.0	17.3
日本	12,699	93.9	49,394	38,895	83.84	8.6	5.0	2.0
中国	137,867	56.8	111,991	8,123	75.99	3.1	27.0	9.2
韓国	5,125	82.6	14,112	27,539	82.16	4.0	11.0	2.9

(出所) World Bank "World Development Indicator 2017"
(注) 平均寿命,医療費支出,妊産婦死亡率,乳幼児死亡率は2015年数値,その他は2016年の数値

い換えれば,医療を民間病院で受診しても,患者の医療費はかなりの程度公的保険が見てくれ,また,医療機関に入る収益も診療報酬で見るというように,皆保険と診療報酬体系が一体となって医療サービスの提供体制を取っている。加えて,患者がどの診療機関で受診しても構わないというフリーアクセスの制度が原則として取られている(この点は,大学病院等の初診に関して,紹介状がないと高い初診料が課されるという抑制政策が取られ始めている)。

いずれにしても,③の目標は,多くの者が医療サービスを受けられる環境整備ということになるのだろうが,ASEAN諸国の課題は大きい(**図表2-2**)。どの国も,軍は別として,公務員の制度の整備から始まって,それが民間被用者に伝播するという動きをしている。被用者の場合,その伝播は比較的スムーズにいく場合が多いのだが,農民・漁民等に制度を周知させることは難しいようである。この点,タイの30バーツ保険は一定の成果をあげたようである。2001年,タクシン政権により,いわゆる「30バーツ(90円)医療」が導入され,人口6,600万人の7割超に当たる健康保険に入っていない,4,800万人を対象とする「ユニバーサル・ヘルスケア」(全国民医療保障制度)が発足した。

■図表 2-2　ASEAN 諸国の医療制度

	運営主体	加入状況	制度の特徴
ブルネイ	保健省	政府系病院，公立のヘルスセンター及びヘルスクリニックにおいて，無料で医療サービスを受けることができる。	ミレニアム開発目標（乳幼児死亡率，妊産婦死亡率，3大感染症）はほぼ達成しているが，高度な手術やがんの場合，シンガポール，マレーシア，タイの病院で治療を行うことが一般的である。
カンボジア	国家社会保険基金（National Social Security Fund：NSSF）に加えて，貧困層を対象とするHealth Equity Fundと自営業者を対象としたCBHI制度がある。	国家社会保険基金制度は，居住者・非居住者の別を問わず，労働法で被雇用者と認定されるもの全てに適用されるため，現地職員・外国人職員は共に対象となっている。	カンボジアの社会保険制度は，労働法規程に定められた者に対する社会保険制度に関する法律により，年金制度と職務上の傷害を補償し職業病手当を付与する労務災害保険が制定されているのみ。
インドネシア	BPJS（Badan Penyelenggara Jaminan Social）のうち医療保険はBPJS kesehartanが運営	公務員，民間被用者など（2019年に治療費無料の皆保険を目指す）	一次医療（保健センター，クリニック），二次医療（高次医療のできる専門医療機関）に区分。二次医療を受診するには一次医療からの紹介状が必要。
ラオス	公務員社会保障，被用者社会保障，地域ベース健康保険（CBHI），保健平等基金	・公務員（人口の11%）は100%加入 ・従業員10名以上の事業所従業員（人口の9%）の加入率は22% ・自営業者，インフォーマルセクター（人口の65%）の加入率は4% ・貧困者（貧困ライン以下，人口の15%）の加入率は80%	・住民登録制度がない⇒特にCBHIで対象者把握困難 ・雇用者負担のコンプライアンス低い ・任意保険で逆選択が問題
マレーシア	マレーシアには我が国のような公的な医療保険制度は存在しないが，公立の医療機関での医療サービスについては，連邦政府予算からの支出があるため患者の自己負担は少ない。	2011年1月より，民間医療保険への加入が義務化された（プランテーション業及び家事手伝いを除く。未加入の場合は労働許可が下りない）。	外来の1割弱，入院の3割にのみ対応している民間医療機関が総医療費と医療資源（医師等）のおよそ半分を使っているとして，高額な医療費を請求する民間医療機関に対する批判の声もある。
ミャンマー	労働・入国管理・人口省傘下の社会保障局	民間企業労働者，一部の公務員を対象としている。2016年12月時点における加入者数は，約95万人となっており，2014年の制度運用開始当時（約71万人）と比較すると約34%増加しているものの，全人口の約1.8%に過ぎない。	医療費負担は英国のNHSを模し，政府の一般税収入によってきたが，増加する医療費に対応できなくなってきたため，1992年に国民の医療費負担について定めた法律が制定された。医療全体に対する民間の支出は，若干減少してきているが，東アジアや大洋州地域に比べて2倍近く高い状況にある。こうした状況を改善すべく，保健・スポーツ省は，近年，医療費に対する家計からの直接支出の比率を抑えるとの方針に転換している。
フィリピン	フィリピン健康保険公社（Philippin Health Insurance Corporation）	法律的には全国民が加入することになっている。	総合病院ではオープン・システム形態をとっている。
シンガポール	中央積立基金庁	シンガポールで雇用される国民及び永住者並びに一定収入以上の自営業者及び外国籍のシンガポール人船員（CPFの加入義務者）	国による貯蓄スキームを提供することを目的とした中央積立基金（CPF）を骨格にして運営されている。CPF制度によって加入者個人に積み立てられた口座は年金給付，医療費，住宅購入費，教育費等の目的で支出される。
タイ	低所得者は国民医療保障事務局が，民間被用者は社会保障事務局が，そして公務員は財務省中央会計局が運営する。	低所得者に限定した「30バーツ健康保健制度」，民間企業向けの「被用者社会保障制度」，公務員を対象にした「公務員医療給付制度」，という3つの制度で皆保険を達成。	給付は，救急時を除き加入者は事前に登録した1つの病院で入院費，ICU，手術費用などをすべて受診できる。
ベトナム	医療保険基金（国）	被用者本人だけではなく，被扶養者も加入可能。皆保険を目指すが人口に占める加入率は7割弱。	医療保険基金と契約関係を持つ病院（医療保険カードに記載された病院）での診察・治療

（出所）厚生労働省「海外情勢報告」，カンボジアHHRDプロジェクト調査コンソーシアム「日本の医療サービスの海外展開に関する調査事業カンボジアHHRD（Healthcare and Human Resource Development）プロジェクト事前調査報告書」，村上仁（2017）「日本とベトナム・ラオスの医療保険：制度比較からみる協力可能性」，国立国際医療研究センター国際医療協力局編『医療保障制度〜日本の経験を途上国のUHC支援に生かすには〜』第IV章

この制度は，公務員医療給付制度（対象760万人）や被用者社会保障制度（対象民間企業従業員920万人），また富裕層の民間医療保険（約80万人）のいずれにも入っていない自営業者や農民，貧困層に対する医療保障である。このように，多くの者が公的な医療保険制度に加入できたとしても，受診可能な医療機関に制限を設けている国も依然として多い。30バーツ保険も，あらかじめ地域の決められた公立病院での受診が原則である。ただし，医療財政の持続可能性を考慮に入れた場合，ある程度の受診抑制は必要であり，この点は日本が学ぶべきことである。

　また，ASEAN諸国のといっても，感染症対策をはじめとした公衆衛生の対策比率が大きかったり，妊産婦教育の徹底等，国民一般の教育水準の向上に向けた対策が大きかったりする国も依然としてあり，一様ではないことも問題である（カンボジア，ラオス，ミャンマー）。

4.2　JCIとASEANの病院

　奇妙な話と思われる場合もあるだろうが，医療制度の進展の度合いとその国の個別の病院の質は必ずしも一致しないことには注意を要する。言い換えれば，一般的には評価されている医療制度を持つわが国の病院に，海外から患者がやって来るかということは，また別の問題であるということである。病院の質という点においてはJCI（Joint Commission International）が事実上の世界標準となっている。

　JCIは，医療の質や安全性など，医療水準を認証する国際的な医療機能評価である。米国内の病院に対する第三者審査機関としてスタートしたが，現在は全世界でそのノウハウを活用した審査を実施している。米国の民間保険制度において，受診病院がJCI認証を取得しているかどうかが，保険の判定や支払いにも影響する。そのため，海外の「医療ツーリズム」を推進する国々は認証取得に積極的である。

　図表2-3にあげたように，アジアの認証国（中東もアジアに含めるべきであるが，この地域の認証病院数は多く，アラブ首長国連邦は143で1位，サウジアラビアは101で2位と高いので別記した）は大きな値を占めている。タイは52病院で4位，その他ASEAN諸国がトップ20に4国も入っている（中国，インド，韓国も多く，一方で，わが国の数は際だって小さい）。

これはいったいどういうことであろうか。ASEAN 諸国は感染所対策等の初期的な医療に困っているのではなかったのか。確かに，特に低所得者はそういった公衆衛生の範疇（上下水道の整備）の対策を待っているのかも知れないが，ASEAN の多くの国で都市化も進行し，かつ，高所得の者も出ているので医療ニーズが多様になっているのも事実である。すなわち，安全な飲み水の確保に事欠く者と，生活習慣病に苦しむ者とが同居するのが ASEAN 諸国の悩みなのである。

■図表2-3　JCI 認証病院数

最新順位	国名，地域名	2013.7	2016.7	比率
58	ブルネイ		1	0.1%
--	カンボジア			
13	インドネシア	7	22	2.6%
--	ラオス			
19	マレーシア	10	13	1.5%
--	ミャンマー			
26	フィリピン	5	5	0.6%
12	シンガポール	22	22	2.6%
4	タイ	45	52	6.1%
36	ベトナム	1	3	0.4%
3	中国	27	59	6.9%
8	インド	22	28	3.3%
9	韓国	40	27	3.2%
15	日本	7	18	2.1%
--	ASEAN，日本，中国，インド，韓国，中東を除くアジア	31	31	3.6%
	アジア（再掲）	217	281	32.9%
--	アフリカ	3	3	0.4%
--	欧州	147	182	21.3%
--	中・南米	76	81	9.5%
--	中東	162	308	36.0%
--	合計	605	855	100.0%

（出所）Joint Commission International Web サイト
(https://www.jointcommissioninternational.org/about-jci/jci-accredited-organizations/)
注）四捨五入の関係で合計値は100にはならない。

こうした富裕層の医療ニーズに対して，JCI 認定の病院数の多いタイでは民間病院の整備が進んでいる。タイの Bangkok Dusit Medical Services（BDMS グループ）が，恐らく，ASEAN 諸国で最大の病院グループであるが，

国内に抱える病院数は50近くに上っている。こうした病院では，JCIの認定取得を実施するのはもちろん，富裕層に向けた老化を防ぐアンチエイジング（抗加齢）等の健康管理を主力診療科目に据えてきている。能力の高い医師，最新の診療機器，一流ホテル並みのアメニティ環境を提供しているのがBDMSグループなのである。

5　おわりに：UHCの課題

　これまで見たように，UHCとは公衆衛生の増進とプライマリ・ケアとの一体物である。また，ユニバーサルということを担保するためには，低廉な費用負担ということが不可欠である。しかるに，現在，わが国がUHCを広めようとしているASEAN諸国の中には，既述のように，先進的な病院も存在する。誤解を恐れずに記せば，貧しい者に対する医療は国際協力で整備し，富裕層（外国からのメディカルツーリズムを含む）は自国の産業として育ててゆこうとしているというように見えなくもない。

　経済的・人口的には斜陽にあるわが国から見ると，上のような穿った見方も出来るが，わが国とて，世銀から融資を受けながら東南アジアに円借款をしていた時期もあるし，中国もわが国からODAを受けながらアフリカ等に経済協力を実施している。仮に，医療技術の進展が富裕層に向けた医療の中で起こり，その技術が貧しい者の医療に反映されるのであれば，何ら問題がない。実は，このことに関しては重要な示唆がある。英国バーミンガム大学マッキューンは，著書 The Role of Medicine：Dream, Mirage, or Nemesis?（医療の役割）の中で，英国の死亡率の歴史的分析の結果，医療は死亡率の低下に貢献してこなかったと述べている。マッキューンは，死亡率の減少は19世紀半ばから始まり，1875年のPublic Health Act（公衆衛生法：水道供給，下水処理，動物処理の管理）を経てから急速に改善し，英国のUHCを体現するNHS（National Health Service 国民保健サービス）が始まった1948年からの改善度は小さいことを示している。もちろん，マレーが指摘しているように，UHC政策の評価自体には国民の教育水準や置かれた環境を考慮に入れる必要があるが，仮に，国民の教育水準や置かれた環境の方が医療制度や医学の進歩よりも医療指標を改善する効果が大きいのであれば，先人としてのわが国の役割は大きいものと

言えよう。

　本章においては，UHC と東アジア（特に ASEAN 諸国）の医療・病院について考えてきた。UHC の導入には，各国の歴史性，文化に依存する面が大きくどの先進国の制度が良いとは言えない。ただし，低廉な負担で医療に掛かれるようになることは必須であるので，そのための財政措置は必要である。また，マッキューンが示唆したように，死亡率の改善は公衆衛生の整備や改善により急速に進む。そう考えれば ASEAN 諸国の課題は明確であるので，わが国も援助の甲斐があるものと言えよう。

（山本克也）

注

1　世界保健機構（WHO）の UHC のページを参照されたい。UHC が保障する医療水準よりも低い医療の提供を無料（税負担）で実施する国は多くある。
　（http://www.who.int/universal_health_coverage/en/，2017 年 1 月 3 日閲覧）
2　本節は（土田，2011）に多くを依っている。
3　社会保障の全般にわたって調査，審議，勧告等を行う総理大臣の諮問機関。1950 年の「社会保障制度に関する勧告」は日本の社会保障の理念と制度化の方向を示したもの。95 年には 21 世紀に向けての社会保障制度の再構築を求める勧告を行った。行政組織の再編による審議会等の整理・統合にともない，2001 年 1 月に廃止され，その機能は社会保障審議会等に移管された。
4　「七人委員会の報告」や「医療保障制度に関する勧告」については，日本医師会創立 50 周年記念事業推進委員会記念誌編纂部会編（1997）『戦後五十年のあゆみ』，三書樓）に詳しい。
5　「UHC に関する日本・世界銀行共同研究プログラム」報告書が提出された。

参考文献

島崎謙治（2014）「日本の国民皆保険の実現プロセスと開発途上国への政策的示唆」『早稲田商学』439，pp.799-851

土田武史（2011）「国民皆保険 50 年の軌跡」『季刊社会保障研究』47(3)，pp.23-25，国立社会保障・人口問題研究所

真野俊樹（2016）『アジアの医療提供体制　日本はアジアの医療とどう向き合えばいいのか』日本医学出版

McKeown, Thomas (1979) *The Role of Medicine: Dream, Mirage, or Nemesis?*, Blackwell Publishers, London.

Murray, Christopher J.L. (2011) "Why is Japanese life expectancy so high?", *The*

Lancet, 378 (9797), pp.1124-1125.
Stuckler, David et al. (2010) "The political economy of universal health coverage", Background paper for the First Global Symposium on Health Systems Research, November 2010, Montreaux, Switzerland. Pacific Health Summit. Seattle : National Bureau of Asian Research.

第3章

韓国医療制度事情

1 はじめに：韓国の国民健康保険制度の仕組み

　韓国は2017年現在「国民健康保険制度」の導入から40年目を迎えている。1977年に従業員500人以上の事業所を中心に「職場医療保険」という名称で最初に実施された健康保険は，2000年から組織の統合を経て，単一保険管理方式の国民健康保険公団により運営され始めた。また，急速な人口高齢化に対応できるよう，2008年からは「老人長期療養保険制度」が施行された。

　以上のような韓国での健康保険制度の変遷の背景には，数十年間続いた経済発展と，その結果としての健康保険の財政確保があった。しかし，現在の韓国はベビーブーム世代の急激な高齢化や低出産問題，経済成長の鈍化に直面しており，そういった変化が今後の健康保険における財政収入の減少および支出の増大に拍車をかけると予想されている。一方，一度成立された健康保険制度の運営方式は制度の"経路依存性"によって，制度の既存の大枠は維持される一方で，具体的な政策水準での改革が行われることが多い。そのため，韓国の医療制度と今後におけるその持続可能性を理解するには，現在実施されている健康保険制度を考察することが不可欠である。

　本章では，まず韓国の医療制度を理解するための基礎知識として，韓国の人口と経済動態，健康状態について紹介する。次に，医療制度の概要を調べるために，国民健康保険の施行に至るまでの経緯，資金調達と診療報酬の支払方式，および最近導入された老人長期療養保険制度を中心に検討する。最後に，韓国の医療制度が現在抱えている課題と最近の政策を通じて，医療制度の持続可能

性について考察する。

2 人口・経済動態，健康状態

2.1 韓国の人口動態

韓国の総人口は現在 5,101 万人であり，2,870 万人だった 1965 年から 2015 年までは増加傾向を見せてきた。しかし，出産率の急激な低下によって，今後は人口成長率も急激に低下する見込みとなっている（統計庁，2016a）。2015 年には合計特殊出生率が 1.24 を記録し，人口成長率も低下しつつある（統計庁，2016a）。図表 3-1 のとおり，急速な高齢化によって，老年人口指数（15～64 歳人口 100 人当たりの 65 歳以上の人口）は，2015 年には 17.5% だったが，2055 年には 76.1% まで増加する見込みであり，2050 年代には日本とスペインに次いで，老年人口指数が最も高い国の一つになると予想される（OECD，2017；統計庁 2016a）。韓国における高齢人口の増加は，国民医療費の増加と緊密に関連し，少子高齢化による生産可能人口の減少は健康保険財政の健全性への脅威となると懸念されている。さらに，単身高齢者の増加と家族扶養に対する価値観の変化が，医療と介護サービスに対する社会的な対処の必要性を高めること

■図表 3-1　韓国における年齢階層別人口構成比（1965-2055 年）

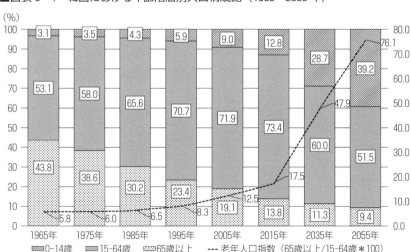

（出所）統計庁（2016a）「将来人口推計：2015～2065 年」を参照して筆者作成

になった。

2.2 韓国の経済動態

韓国の医療制度の成立の背景には急速な経済成長があった。しかし，1960年代から2000年代にかけて平均約8％の高い水準を維持していた年間GDP成長率は，2012年以降は鈍化傾向を維持し，2％〜3％程度に低迷している（World Bank, 2017）。

貧困率に関しては，絶対的貧困率も相対的貧困率も減少する傾向にある（それぞれ2007年に7％と12.9％だったのが2013年に5.9％と11.7％に減少）（統計庁，2017）。韓国の貧困率において最も特徴的なのは，65歳以上の高齢者の約半数（48.8％）が相対的貧困線以下の生活を送っていることである。このような貧困線以下に位置する高齢者の割合は，OECDの平均より4倍ほど高い水準であるため，韓国の貧困は高齢者に集中していることが明らかである（OECD, 2017）。以上のような高齢者層への貧困の集中は，健康面での社会的安全網としての医療制度の役割が重要視される一つの社会的背景となっていると考えられる。

2.3 韓国人の健康状態

韓国人の出生時の平均余命は82.2歳で，世界平均（71.9）より高水準にあり，乳児死亡率と妊産婦死亡率は過去10年間において明らかに減少傾向にある（World Bank, 2017）。統計庁の死亡原因統計によると，韓国人の主な死亡原因にはがん，心臓疾患，脳血管疾患等がある（統計庁，2016b）。一方，疾病負担（障害調整生存年で評価）が大きい疾患は腰痛と項頸部痛（1位），脳血管疾患（2位），自傷（3位），糖尿病（4位），うつ病（9位）などで，慢性疾患と精神疾患が高い順位を占めている（GBD 2015 DALYs and HALE Collaborators, 2016）。

3 医療制度の経緯と概要

3.1 国民健康保険制度が施行に至るまでの経緯

本章冒頭で述べたように，韓国は2017年現在，「国民健康保険制度」導入40年目を迎えている。社会保険方式の医療保険は1977年に500人以上の従業員を持つ企業に導入された。その後，同制度は1988年に農村部地域住民，1989年には都市部の自営業者にまで拡大された。その結果，1989年には韓国

の全人口が国民健康保険の適用対象となった。既存の国民健康保険制度には，「(i)企業の従業員とその扶養家族を保険の対象とする職場医療保険組合（139か所），(ii)公務員，教職員とその扶養家族を対象とする一つの公務員および私立学校教職員医療保険管理公団，(iii)自営業者のための地域医療保険組合（227か所）」という3つのタイプの公的健康保険組合が存在していた（保健福祉部，2017）。しかし，保険組合間で保険料率や財政健全性に大きな差があったことから，健康保険料負担の公平さに関する懸念が高まった。そのため，2000年には健康保険の財政改革が実施され，すべての健康保険組合が単一の支払主体である国民健康保険公団に合併された（Kwon, 2009）。この制度によって，韓国では地域や職場にかかわらず，すべての人が同じ保険者の管理の下に医療保障制度の対象となった。一方，健康保険料や医療費の支払が困難な低所得者層（全人口の3％）に対しては，「医療給付制度」を通じて医療サービスへのアクセスを保障している（国民健康保険公団，2017a）。

3.2 医療制度の行為主体

図表3-2に示したように，韓国の医療制度における主な行為主体は，健康保険制度と保健医療政策全般を統括する保健福祉部と，その傘下にある3機関——国民健康保険公団・健康保険審査評価院・韓国保健医療研究院——および

■図表3-2　韓国の医療制度における行為主体

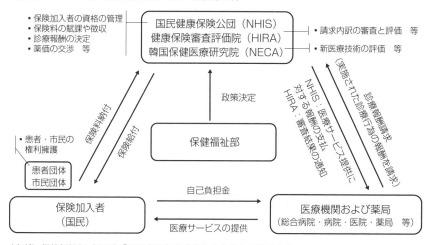

（出所）保健福祉部（2017）『2016保健福祉白書』を参照して筆者作成

医療サービスを直接提供する公共病院・民間病院や患者の権利と安全を擁護する患者団体・市民団体に分けられる（Kwon, Lee, and Kim, 2015）。

2017年現在，韓国の医療法での医療機関の定義には上級総合病院（総合病院のうち，20科目以上の診療科目を備えている専門医修練機関），総合病院（100床以上），病院（30床以上），医院（外来患者用）等が含まれている。民間医療機関は医療サービスの提供において90％以上の比重を占めている（統計庁，2017）。

3.3 国民健康保険制度の財源調達と医療費の支出

韓国の国民健康保険制度の主な財源として，保険料，国庫負担，タバコ負担金，患者の自己負担金がある。保険料は被雇用者の場合，被保険者本人の賃金に比例し（2016年の基準では賃金の6.12％），被保険者本人とその雇用主が半分ずつ負担する。自営業者の場合には，所得と財産価値の両方を基準として保険料が算定され，保険料全額を本人が納付することとなっている。国庫負担は一般租税により賄われ，低所得者などが保険料を納付できない場合の足りない分を補充することによる所得再分配が理念上の目的である。タバコ負担金（健康増進負担金）はタバコを消費者が購入する際，1箱あたりに一定金額を徴収し，それを国民健康増進基金の財源とする制度である。医療費における自己負担（Out-of-Pocket：OOP）は，保険診療の法定自己負担分（患者一部負担）と保険外診療（非給付）の費用負担（全額）によって発生する。

図表3-3に示すように，GDPの中で医療費が占める割合は，1970年の2.6％から2015年の7.4％に急激に増加した（統計庁，2017）。韓国の全体医療費の中で公的支出が占める割合（56.4％）は，OECD諸国（2015年平均72.5％）の中で最も低い水準となっている（統計庁，2017）。医療費の公的負担割合が低いため，

■図表3-3　韓国の医療費支出の推移，1970-2015年

	1970	1980	1990	2000	2005	2010	2015
経常医療費[兆ウォン] （対GDP比，％）	0.1 (2.6％)	1.4 (3.5％)	7.3 (3.7％)	25.4 (4.0％)	46.7 (5.1％)	82.3 (6.5％)	115.2 (7.4％)
公的支出比率 - 保険料，国庫負担等	9.1％	20.2％	40.1％	53.9％	56.2％	57.9％	56.4％
私的支出比率 - 自己負担等	90.9％	79.8％	59.9％	46.1％	43.8％	42.1％	43.6％

（出所）統計庁（2017）「e-国の指標」を参照して筆者作成

■図表3-4　支出された診療費で占める各医療機関の割合，2016年

区分	総合病院級	病院級	医院級	保健機関等	薬局
支出の割合 - 診療費基準	32.7%	17.1%	27.8%	0.3%	22.1%

(出所) 国民健康保険公団 (2017a)『2016 健康保険の主要統計』を参照して筆者作成

　国民健康保険制度を運営しているにもかかわらず，「健康保険の保障率」自体は高くない。自己負担額の多くは，新医療技術や個室病室，専門サービスによる追加料金等によって発生している（Kwon et al., 2015）。

　医療費全体のうち，高齢者（65歳以上）による支出が占める割合は，2010年に32.2%，2015年には37.6%となり，これは各年度における人口割合（2010年－10.2%，2015年－12.3%）を3倍以上上回っている。これは，高齢者が健康問題によって支出する医療費が他の年齢層より非常に大きいことを示している（国民健康保険公団，2017a）。

　医療機関の規模という側面から見ると，**図表3-4**のとおり，国民健康保険による総診療費のうち，病院級および総合病院級で発生した支出の割合は約半分で，非常に高いことがわかる（国民健康保険公団，2017a）。このような状況は，ほとんどの医療費が医院級（一次医療レベル）ではなく病院級以上のレベルで発生していることを意味している。

3.4　医療病床，医療装備，医療人材の供給状況

　韓国では2014年現在の病床数がOECD平均を2倍以上上回る千人当たり11.6床となっており，病床が過剰供給状態にある（OECD, 2017）。さらに，高価な医療設備に関しても，その供給量と使用量が国際平均を上回る水準にあり，かつ上昇している。このような高価な医療設備の供給過剰現象は，供給者による誘引需要をさらに深化させ，ひいては医療費の負担も高める恐れがあると懸念する声もある（オ，2017）。

　一方，韓国の医療専門人材の現状は，2014年現在，千人当たりの活動医師の数が2.2人，活動看護師数は5.6人であり，OECD平均に比べて低い水準となっている（OECD, 2017）。さらに，医療人材の不足現象には，医療人材が勤務を忌避する農村・漁村において問題がより深刻だという特徴がある。以上のように，韓国では高価な医療設備や入院病床の供給は高いが，人材供給が欠し

い状況が見受けられるため,医療資源の配分の効率性と公平性を再検討する必要があるという指摘がある(オ,2017)。

3.5 診療報酬支払い方式

医療サービスの提供者には,基本的に「出来高払い制度(Fee For Service：FFS)」による報酬が支払われている。この制度の下,医療サービスの提供者はサービス提供すれば国民健康保険公団から医療行為に応じた報酬を受け取ることができる。当システムは医療提供者の自由なサービス提供を許すが,医療費負担の増加にもつながっていると考えられている。

韓国型「包括払いシステム」は,医療の過剰供給と過度な利用を減らすことを目的として,2013年7月以降,指定された7種類の診断(白内障手術,虫垂切除術等)を扱うすべての病院で適用されている。当システムでの報酬は,疾病群別にあらかじめ設定された一定額の診療費を支払うこととなっているため,医療サービス提供者にとっては,診療行為が少なければ少ないほど利益になるという特徴がある。したがって,同一疾病に対する過度な診療行為を抑止する効果が期待できるので,出来高払い制度の短所を補完することを目的として導入された。

一方,機能低下のある高齢人口の増加に対する一つの対処法として,療養病院では,上記の2つの報酬システムとは別に,事前に定義された疾病カテゴリー(医療最高度,医療高度,医療中度,問題行動,認知障害,医療軽度,身体抵抗)に対して一日当たりの報酬を支払う「療養病院の日当定額報酬制」が2009年から実施されている。

3.6 老人長期療養保険制度

これまでの医療制度は急性期病院における医療がその中心的な給付対象であったが,高齢者の介護問題が顕在化してきたため,韓国では2000年から介護サービスに関する議論が政府レベルから持ち上がった。老人長期療養保険制度は,医療体系内にある療養病院以外で介護サービスを提供することを目的とし設計されているので,原則として医療サービスは提供しないこととなっている。2005年から2007年まで「老人長期療養保険法(案)」の制定推進やモデル事業の推進が行われた結果,2008年7月から「老人長期療養保険制度」が全国的に施行された。

当制度は65歳以上の高齢者または65歳未満の認知症，脳血管疾患など老人性疾病を持つ者を対象としている。サービスを受けるためには，対象者が申請し，認定調査を通じて長期療養給付の対象者等級（1〜5等級）に認定される必要がある。健康保険公団は健康保険料と長期療養保険料（健康保険料の6.55%）を統合徴収するが，徴収された健康保険料と長期療養保険料は別会計で管理されている。2016年現在，65歳以上の高齢者の7.5%が等級認定を受け，公的長期療養サービスを利用している（国民健康保険公団，2017b）。

4 医療制度の課題

4.1 自己負担の問題

民間病院が医療機関の絶対多数を占める韓国の医療提供体制と出来高払い制度（FFS）の下では，患者の自己負担の割合が高い理由として，医療提供者の利益追求行動が指摘されている（Kwon et al., 2015）。民間医療サービスの提供者は，金銭的な利益を上げるために，国民健康保険の給付リストにはまだ記載されていない高価なサービスを患者に推奨する傾向がある。このような供給者による誘引需要の影響は，外来診療や入院日数に関するデータからも確認できる。2015年の一人当たり平均外来診療回数は年間16回でOECD諸国の中で最も高い水準であり，病院での一人当たり平均年間入院日数はOECD平均の2倍に当たる16.1日を記録している（OECD, 2017）。

医療費支出を軽減するために，韓国政府は包括払いシステムを一部導入した。この支払いシステムは，入院期間を短縮することによって過度な医療利用の抑制効果を示したと評価されている（チェ・グォン，2016）。しかし，このような政策が医療の質を低下させる問題があると批判する医療サービス提供者側の反論もあり，7種類の疾患に対する導入においても10年以上の期間が費やされたため，現在適用されている疾患以外の項目への拡大適用は困難と思われる。

なお，患者の自己負担軽減の目的によって，1年間の自己負担額が個人別の上限金額を上回った場合（上限は所得水準によって決定），その超過分を国民健康保険公団が負担する「健康保険の本人負担上限額制度」，難病患者の自己負担率を10%に軽減する「希少難治性疾患者算定特例登録制度」等が実施されている（保健福祉部，2017）。

さらに，保険外診療項目に該当する行為や治療材料に対する管理の必要性も指摘されている。たとえば，保険外診療利用の増加によって，公的な給付領域からは「ガン患者を対象に算定特例制度」を適用して健康保険給付の保障性を高めても，実質的な自己負担は減っていないという問題が指摘されている（キム・キム・グォン，2014）。

4.2 保険料の賦課システム改善の障害

公的資金の役割を強化するためには，健康保険料徴収を増やす必要があるが，国民からの共感を得て，保険料を上げることは容易ではない。より持続可能で公平な保険料徴収システムを目ざす改善の試み（たとえば，2013年の「健康保険料賦課体系の改善企画団」の発足）が行われたが（保健福祉部，2017），雇用形態の急速な多様化と退職者数の増加は，健康保険料賦課体系の改善にとって高いハードルになると予想されている（Kwon et al., 2015）。健康保険財政は2016年現在には黒字となっているが，健康保険支出規模は経済成長率を大きく上回ると予想されるので，今後の医療費負担はさらに深刻な問題となる見込みである（シン，2017）。

4.3 医療提供体制の地域格差および非効率性

当然ながら，韓国の総合病院はソウルを含む大都市に集中的に位置している。農村部の場合，医療機関や専門の医療人材（医者，看護師等）が足りない状況が続いている。これによって，地域ごとの医療サービスへのアクセスに格差問題が生じている（ジョン・チェ・キム，2012）。なお，韓国では患者が総合病院を利用することを選好する傾向があり，段階別依頼（referral）の医療提供体制が効率的に機能しにくい状況にある。特に，上級総合病院はそもそも重症疾患に難易度が高い医療行為を専門的に提供する目的で指定されたが，軽症外来患者の訪問が多くなっている。最近10年間上級総合病院の外来患者の占有率が増加しているのに対し，医院の外来患者の占有率は減少している（シン，2017）。

4.4 医療サービスと介護サービスの協力・連携の重要性

韓国での高齢者のための医療費支出は，すでに国民健康保険の支出全体の3分の1以上を占めており，その対策の一つとして，老人長期療養保険が実施された。しかし，老人長期療養保険の給付対象資格の認定審査基準が厳しくなったため，制度の導入から7年になる2015年においても介護サービスを受けて

いる高齢者（65歳以上）の割合は約7％に過ぎない（国民健康保険公団，2017b）。また，老人長期療養保険から報酬を受ける「療養施設（介護施設）」と健康保険から診療報酬を受ける「療養病院」の機能の重複問題が依然として存在し，健康保険財政の負担軽減という老人長期療養保険の趣旨が達成されたとは断定しにくい状況である（Kim, Jung, and Kwon, 2015）。老人長期療養保険の下で療養施設が運営されているにもかかわらず，健康保険の財政に大きな負担をかける療養病院での長期入院（社会的入院）の問題はいまだに存続している（ジョン・キム・グォン，2016）。医療サービスと介護サービスの無駄な重複を減らし，現在非常に弱い状態にある医療サービスと介護サービスの連携を強化する必要があると考えられる。

5　おわりに：保障性の拡大と持続可能性の確保という2つの課題

　韓国は社会保険方式の国民健康保険制度を導入し，職業・年齢を問わずすべての国民が医療サービスを利用できる水準の保障性を達成することができた。しかし，制度導入当初の趣旨とは違い，保障性を強化するための財政的投資を増やしても，健康保険の保障率が上がらないために，いくつかの課題を抱えている。特に出来高払い制度（FFS）の下での民間医療サービス提供者による収益追求と，民間医療保険の拡大によって，保険外診療の利用が増加することになった。脆弱な一次医療サービスや医療提供体制の連続性の欠如，国民の総合病院志向等は，制度の効率性を弱めている。さらに，人口高齢化と経済活動人口の減少，保険料引き上げの困難さ，経済成長の鈍化等は，今後健康保険の財政にも影響を及ぼすと予想されている。

　国民健康保険の役割を強化することには，自律的な医療行為を重視する多数の民間医療界との衝突が伴う可能性が高い。さらに，国民健康保険の保障性の強化という国民的要求は，健康保険料の引き上げなしには達成が困難なので，今後政府は，両方の矛盾する要求を調整しなければならない立場に置かれている。医療制度の持続可能な運営のためには，短期的な成果だけでなく，中長期的な健康保険財政の安定性も併せて考慮しなければならないだろう。

（全　保永）

参考文献

(韓国語文献)(著者五十音順)

オ・ヨンホ(2017)「高価な医療装備の供給過剰の問題点と政策への示唆」『医療政策フォーラム』15(1)
　(http://webzine.rihp.re.kr/webzine_201704/a_04_02.html, 2017年10月6日閲覧)
キム・ジヘ/キム・スジン/グォン・スンマン(2014)「がん疾患対象算定特例制度が医療利用および医療費負担の公平性に与える影響」『保健行政学会誌』24(3), pp.228-241
国民健康保険公団(2017a)『2016 健康保険の主要統計』国民健康保険公団
国民健康保険公団(2017b)『2016 老人長期療養保険統計年報』国民健康保険公団
ジョン・ボヨン/チェ・スミン/キム・チャンヨップ(2012)「地域の経済水準による医療資源の分布と公平性分析」『保健行政学会誌』22(1), pp.85-108
ジョン・ボヨン/キム・ホンス/グォン・スンマン(2016)「療養病院長期入院の現状と関連老人および機関特性比較研究」『保健行政学会誌』26(1), pp.39-50
シン・ヨンソク(2017)「持続可能発展のための健康保険革新の方向」『保健福祉フォーラム』6月号, pp.6-17
チェ・スクザ/グォン・スンマン(2016)「准実験的方法を用いたDRG支払い制度参与効果」『保険経済と政策研究』22(3), pp.1-31
統計庁(2016a)「将来人口推計:2015〜2065年」報道資料(2016年12月8日付)
統計庁(2016b)「死亡原因統計」報道資料(2016年9月27日付)
統計庁(2017)「e-国の指標」
　(http://www.index.go.kr/main.do, 2017年8月30日閲覧)
保健福祉部(2017)『2016 保健福祉白書』保健福祉部

(英語文献)(著者ABC順)

GBD 2015 DALYs and HALE Collaborators (2016) Global, regional, and national disability-adjusted life-years (DALYs) for 315 diseases and injuries and healthy life expectancy (HALE), 1990-2015: a systematic analysis for the Global Burden of Disease Study 2015. *The Lancet*, 388 (10053), pp.1603-1658.
Kim, H., Y. I. Jung, and S. Kwon (2015) Delivery of institutional long-term care under two social insurances: Lessons from the Korean experience. *Health Policy*, 119 (10), pp.1330-1337.
Kwon, S. (2009) Thirty years of national health insurance in South Korea: lessons for achieving universal health care coverage. *Health Policy Plan*, 24(1), pp. 63-71.
Kwon, S., T.J. Lee, and C.Y. Kim (2015) *Republic of Korea: Health System Review*. WHO Regional Office for the Western Pacific, Manila.
OECD (2017) OECD Data. OECD.
　(https://data.oecd.org/, Accessed August 22, 2017)
World Bank (2017) Databank. World Bank.
　(https://data.worldbank.org/country/korea-rep/, Accessed October 6, 2017)

第4章

高齢化社会に直面する中国の医療保険制度

1 はじめに:"未富先老"の中国

　医療保険制度はほかの社会保障制度と同様に,社会経済の変動が激しくなればなるほど,その役割が重要となり,いま世界の多くの国々の社会問題の一つとして,重要な政策課題となっている。中国も例外ではない,1970年代の経済改革によって,中国経済社会が大きく変容し続けており,農村人民公社の解体,都市部非国有セクターの増加,国有企業の弱体化,農村出稼ぎ労働者の湧出等々に伴い,中国の医療保障制度もダイナミックな変化をしていて,これについての関心も高まってきている。

　中国は1979年から計画出産政策を実施し,1993年の合計特殊出生率が2.08を下回り,それからずっと低い水準で推移している。同時に,生活状況の改善,医療技術の向上等によって中国人の平均寿命は伸び,2001年に65歳以上の高齢人口の総人口に占める割合が7%を超え,中国は高齢化社会の仲間入りをした。推計によれば,中国は2026年辺りで高齢化率が14%と倍増し,高齢社会になる。一方,経済改革に伴い,中国は1990年代半ばから都市部従業者に適用する労働保険制度に含まれていた医療保険制度に対する改革を切口に,農村部で実行していた合作医療制度,都市部で公務員を対象とする公費医療制度に対し,改革を進め,約20年の時間をかけて,2012年に医療皆保険を達成した。また,皆保険の達成後も,医療費の自己負担が高い,受診が難しいという社会問題を解決するために,引き続き医療保険の給付率の向上や,医療保険制度間の格差の縮小に向かって医療保険制度の整備をしている。しかし,2012年から,

一部の地域では医療保険基金の資金不足が現れたと,いくつかのメディアに報道された。こういう報道からも,高齢化社会が進む背景に,中国の医療保険制度を持続可能な制度に構築する重要性が窺える。本論文は,高齢化が進む中で,中国の医療保険制度がその持続可能性を保つために,どういう問題点に直面しているのかを明確にし,最新の制度改革による変更点も含めて,中国の医療保険制度を詳しく分析したうえ,中国にとって,持続可能な医療保険制度を構築するためのいくつかの政策提言をまとめたものである。

2 中国の医療皆保険の達成と皆保険の内容・特徴

中国医療保険制度がどういう問題点を持って,どういう課題を克服しないといけないのか,それを分析する前に,現行の中国医療保険制度が皆保険に至るまでの経緯,皆保険当時の制度内容と特徴をまず説明する。

2.1 旧医療保険制度と 1990 年代からの医療保険制度改革

中国の旧医療保険制度は三つの制度から構成されていた。一つ目は,1952年から実施された主に公務員を対象とする公費医療である。公費医療では基本的に国が医療費を負担し,医療費の個人負担がなかった。二つ目は,1951年から実施された都市部被用者とその配偶者,直系家族を対象とする労働保険に含まれている医療保障である。内容としては,企業から保険料が拠出され,一般的に被用者が無料で診療を受けられ,その家族が半額で診療を受けられる。三つ目は,1950年代から実施された農業戸籍も持つ人口を対象とする農村合作医療である。この制度は人民公社,大隊,農民個人から保険料が拠出され,自由加入の医療保険制度で,保障レベルが低いという難点を抱えていたものの,同時期に普及した農村部の三級医療ネットワーク,はだしの医者(赤脚医生)と一緒に,医療資源が大変乏しい当時の中国農村部の保健の向上に大きく貢献した制度である[1]。

1978年からの経済体制改革に伴い,国有企業の改革による経営悪化のケースが増え,医療費の負担ができなくなる企業が続出した。また,労働保険は国有セクターに限定されていたため,改革開放に伴う非国有セクターから大量の無保険者が生まれた。経済社会の変化に対応するため,1994年に一部の都市で公費医療と労働保険の医療保障部分に対する医療改革が始められ,1998年

に公費医療と労働保険の医療保障部分の代わりに都市部従業者基本医療保険制度が正式に全国規模で実施された。

都市部従業者基本医療保険制度の対象は被用者本人に限られていたので、それまで労働保険でカバーされた被用者の家族は無保険者となった。農村部では、農業改革に伴い、農村合作医療の保険者である生産大隊・人民公社が解体されたため、農村合作医療の加入率が急速に低下し、2002年頃になると、かつて9割以上だった加入率は12％まで下がった。このため、農村部も都市部も大量の無保険者が生み出された。この問題を解決するために、2003年に農村部では新型農村合作医療制度が発足し、2007年に都市部で都市部従業員基本医療保険の被保険者以外の住民を対象とする都市部住民基本医療保険制度が全国規模で実施された。

2.2 医療皆保険の達成とその内容・特徴

2.2.1 皆保険の達成

2003年から全国範囲で実施された新型農村合作医療制度の加入率は右肩上がりで、2008年辺りで加入者数は8億人を超え、加入者数がその後も安定している。一方、都市部住民基本医療保険の加入者数が2007年から持続的に増加しており、2012年に2億7,156万人に達しており、都市部従業者基本医療保険の加入者を加えて、中国総人口の約96％が医療保険に加入しており、中国の医療皆保険が達成された[2]。

2.2.2 2012年時点の医療皆保険の内容と特徴

2012年時点の医療皆保険制度は都市部従業員基本医療保険、都市部住民基本医療保険と新型農村合作医療で構成され、三つの医療保険制度を合わせて基本医療保険制度と呼ばれた。その内容は図表4-1で示したとおりである。

中国の皆保険医療制度にはいくつかの特徴がある。

①医療保険の財源は保険料によるものである。

都市部従業者基本医療保険の場合、保険加入者が賃金の2％を保険料として納付し、使用者が被用者の賃金の6％を拠出する。

保険料は二つに分けられ、加入者が納付する賃金の2％と使用者から拠出される被用者賃金の6％の3割が被保険者の個人口座へ、残った部分は保険基金へプールされる。被保険者の口座に振り込まれる保険料は外来診療の費用・薬剤

■図表4-1　2012年時点の中国の医療皆保険内容

制度名	被保険者	保険者	加入者数	保険の医療費給付率	財源	
					保険料（率）	保険料への財政補助
都市部従業者基本医療保険	都市部で働く企業の従業員（家族を除外）と定年退職者	市町村	26,486万人	入院及び重病外来医療費の75%	①被用者は賃金の2%、使用者は被用者賃金の6%を拠出する。②（2%＋6%＊30%）被保険者の個人口座へ、残った部分は保険基金へ。③定年退職者の保険料納付なし	なし
都市部住民基本医療保険	都市部従業者基本医療保険の被保険者以外の都市部住民（医療扶助を受ける者を除外）	市町村	27,156万人	入院医療費の70%、外来医療費約50%	都市部約240元/年・人	300元/年・人
新型農村合作医療	農村部住民	市町村	8.05億人	入院医療費の75%、外来はなし	農村部 240元/年・人	300元/年・人

（出所）「中国衛生統計年鑑　2013」，「2013年度人力資源和社会保障事業発展統計公報」より作成

費として使用でき，繰越もできる。また，定年退職者が保険料納付をしないことは都市部従業者基本医療保険の大きな特徴である。都市部住民基本医療保険と農村新型合作医療保険の場合は，都市部従業者基本医療保険に比べると，保険料が低く，また保険料の大部分は政府財政の補助金であることが大きな特徴である。

②医療保険の保険料，給付率等について，中央政府は大まかな基準を決め，地方政府にある程度の裁量権を与えている。

図表4-1にある保険の給付率，保険料率，保険料への財政補助金額は中央が決めた大まかな基準であり，地方政府が地方の経済・財政状況によって地方の具体的指標を決めるケースが多い。

③保険には免責金[3]，最高支給額[4]が設定されていて，同じ保険でも年齢等によって金額が変わる制度設計がよく見られる。一般的には高齢者，児童が優遇

■図表 4-2　中国混合医療イメージ図

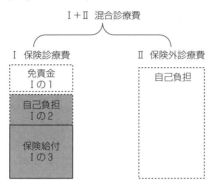

（出所）筆者作成

され，免責金は比較的低くなっている。また，保険の給付率は病院の等級[5]，医療費の金額によって設定されるケースが多い。基本的に病院の等級が高くなるにつれて，保険の給付率は低くなり，医療費が一定の額を超えるとその分に対する給付率が高くなる[6]。

④混合医療が認められているため，実際の保険給付率は設定されている給付率より低い。図表 4-2 で表しているとおり，中国では混合医療が認められていて，患者の医療費にはⅠの保険診療費とⅡの保険外診療費が含まれている。医療保険制度に決められている保険給付率は保険給付額がⅠの保険診療費（免責金を除く）に占める割合であるため，実際の給付率は制度に書かれている給付率より低くなっている。

⑤保険制度間，地域間に格差が存在する。

中国の医療保険制度間に格差が存在している。例えば，北京市の都市部従業者基本医療保険の外来診療費の年間最高給付額が 20,000 元であり，北京市新型農村合作医療保険外来診療費の年間最高給付額の 3,000 元に比べるとはるかに高い[7]。また，「国務院が都市部従業者基本医療保険制度を設立に関する決定」によれば，保険の免責金，最高支給額が保険統括地域の平均月給の 10％と 6 倍に設定されるので，中国での地域間の所得に大きな格差があるため，医療保険の地域間に格差が存在することが理解できる。さらに，保険診療に適応する保険薬品の種類にも保険制度間で格差が存在している。例えば，山東省の新型

農村合作医療保険の被保険者が保険で使える薬品の種類が1,100で，都市部従業者基本医療保険の被保険者が保険で使える薬品の種類は2,400である[8]。
⑥都市部従業者基本医療保険は強制加入であるが，都市部と農村部の住民基本医療保険制度は強制加入ではなく，保険料は中央，地方財政の補助に頼っているため，公的医療保険制度ではないという意見もある。また，新型農村合作医療の場合，世帯が加入単位になっている。
⑦フリーアクセスではなく，受診できる病院の数・レベルにも格差がある。
原則として，中国の医療保険は加入地域でしか使えないため，日本のようなフリーアクセスではない。また，保険制度によって被保険者が受診できる病院の数と病院のレベルに格差が存在している。同じ地域では，従業者基本医療保険の被保険者が受診できる病院数がほかの二つの制度の被保険者に比べ多いのが一般的で，病院のレベルも高いレベルの病院が多い。さらに，中国では医療資源が都市部に偏在しているため[9]，住民基本医療保険の被保険者が新型農村合作医療の被保険者に比べ，受診できる病院数は多い。

3 基本医療保険の更なる整備

3.1 大病保険の整備

　中国の医療保険制度は基本医療保険制度と呼ばれ，それは基本の事を保障するという意味である。基本の定義は難しいのであるが，一定程度，あるいは最高給付額以下の給付額を指していると考えられる。ただし，医療保険制度の歴史由来を考えると，疾病による経済の困窮を救済するための制度という点から，医療費がたくさんかかるときこそ保険からの給付が重要である[10]。この点について，都市部従業者基本医療保険の場合，早くも2002年から「企業補充医療保険」が実施され，これは基本医療保険の最高給付額を受けても，自己負担分が依然として高い被保険者に対して，一定の割合で給付する基本医療保険制度の補充制度である。この補充制度の設立によって重病患者の自己負担分が軽減されることになった。新型農村合作医療と都市部住民基本医療保険の場合，全国的に実施してからしばらく自己負担分の軽減の仕組みを作っていなかったため，都市部従業者基本医療保険との間に存在していた格差がさらに大きくなった。この問題を解決するために，2012年8月から新型農村合作医療と都市部

住民基本医療保険の被保険者を対象に，全国の一部の省，市で実験的に大病医療保険を実施し，2015 年，国務院が「国務院が全面的に都市農村住民大病保険を実施することに関する意見」を公布し，大病医療保険が全国規模で展開された[11]。大病保険は基本医療保険の最高給付額を受けても，自己負担分が依然として大きい被保険者に対し，一定の給付率で医療費をさらに償還する。大病保険では基本医療保険と同じ免責金，給付率，最高給付額を設定しているが，被保険者の自己負担の軽減や，保険制度間に存在する格差の縮小にプラスの働きをしている。

3.2 都市部・農村部住民基本医療保険の統合

中国の基本医療保険制度は保険料の負担状況に応じて被保険者の受益の多少を設定していて，保険料負担の高い都市部従業者基本医療保険は他の二つの基本医療保険制度に比べ，その保険給付率も相応に高くなっている。しかし，都市部住民基本医療保険と新型農村合作医療制度ともに低負担，低給付でありながら，両制度間には保険給付率，医療アクセス，保険医薬品の種類等の面で格差が存在している（袁，2016b）[12]。

また，2014 年に中国政府は「国家新型都市化計画（2014-2020）」を公布し，2020 年までに中国常住人口の都市化率を 2013 年の 53.7％から 60％に，戸籍での都市化を 2013 年の 36％から 45％に引き上げることを計画している。戸籍が変わると加入する保険が変わることを意味している。2016 年までは農村戸籍者が戸籍所在地の新型農村合作医療に[13]，非農村戸籍者（都市部従業者基本医療保険の加入者を除く）は所在地の都市部住民基本医療保険に加入することになっていて，二つの制度の管轄機関とシステムが別々になっている。新型都市化の進行に伴い，最終的に 1 億人以上の新型農村合作医療の加入者が都市部住民基本医療保険に移ることとなり，医療保険の種類の変更手続きが膨大な仕事になりかねない。

さらに，経済発展につれて，中国の流動人口数が増加し，その数は 2012 年に 2.36 億人に達していた。医療保険の利用が加入地域に限定され，新型農村合作医療の世帯一括加入，新型農村合作医療制度と都市部住民基本医療保険の低負担率等によって，流動人口の基本医療保険の重複加入が増え，2014 年 8 月 15 日の「経済参考」によると，基本医療保険の重複加入人数はすでに 1 億

人を超え、それに対する財政の補助金は 200 億元を超えている（袁，2016b）[14]。
以上の状況を踏まえて，2016 年 1 月，国務院が「都市部と農村部住民基本医療保険制度の統合に関する意見」を公布し，全国規模で二つの制度の統合をスタートさせた。

　統合によって，中国の医療皆保険は従来の都市部従業者基本医療保険，都市部住民基本医療保険，新型農村合作医療保険の三本建てから都市部従業者基本医療保険，住民基本医療保険の二本建てになり，従来の都市部住民基本医療保険と新型農村合作医療制度の間で異なっていた保険給付率，最高給付額，保険医薬品の種類，医療保険指定医療機関，保険基金等すべて統合され，一本化された。そして，各地における統合の実施によって，従来都市部住民基本医療保険の被保険者と新型農村合作医療の被保険者間に存在していた格差の縮小がみられた。例えば，寧夏回族自治区では，統合まで農村住民の保険給付率は 53.59％で，統合後 66％へ上昇した[15]。天津市では，統合まで農村住民が使える保険医薬品の種類が 2,000 余りで，統合後 7,300 余りになり，保険指定病院の数が統合まで 30 か所前後で，統合後 140 余りになった[16]。

　医療皆保険の達成とその後の一連の制度の再整備は，中国の医療保障水準のレベルアップに大きく貢献した。しかし，2015 年から，一部の地域では医療保険基金の資金不足が現れたと，いくつかのメディアに報道された。例えば，2012 年 8 月の人民日報の公式サイド人民網に，広州市で 2011 年の住民基本医療保険基金が 2 億元の赤字を出したと報じた[17]。2015 年 8 月 3 日医薬経済報という新聞紙の F02 面に，北京住民医療保険基金が約 100 億元の資金不足に直面している，と報じられた[18]。こうした報道から，社会の高齢化が進むことを背景に，中国の医療保険制度を持続可能な制度に構築する重要性が窺える。次の節では高齢化社会を背景にしている中国の医療保険制度が直面している問題点を論じたい。

4　高齢化社会を乗り越えるための避けられない問題点

　高齢化社会の加速・医療技術の向上につれて，中国医療保険制度が直面している問題点は以下の 3 点だと考えられる。

4.1 都市部住民基本医療保険と新型農村合作医療の統合がもたらす問題点

前述のとおり，都市部住民基本医療保険と新型農村合作医療の統合によって，農村住民に適用する保険給付率の向上，保険医薬品の種類の増加，保険指定病院の範囲が拡大され，都市部と農村部住民の医療格差が縮められたことは，大いに評価できる。しかし，統合によって，新たな問題を生み出す可能性も否めない。その一つとして統合による保険財政の負担増を指摘することができる。まず，8億人の農村住民に対する保険給付率の向上は保険財政負担増の直接的な原因となる。また，図表4-3から，いままでの新型農村合作医療被保険者

■図表4-3 各医療保険の被保険者入院先分布

	コミュニティ医療センター/郷鎮衛生院	区/県レベル病院	市レベル病院	省レベル病院	その他
新型農村合作医療	29.5%	54.4%	10.2%	3.5%	2.1%
都市部住民基本医療保険	11.4%	53.4%	23.4%	8.5%	3.3%
都市部従業者基本医療保険	6.7%	45.4%	31.2%	14.9%	1.8%

(出所)『第五次国家衛生サービス調査分析報告』より作成

■図表4-4 中国病院等級における入院費用推移

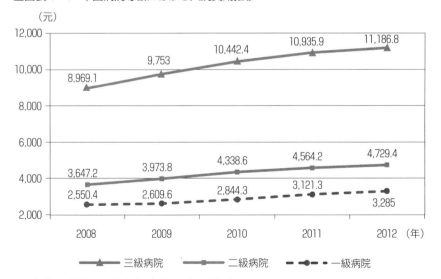

(出所)『中国衛生と計画生育統計年鑑2013』より作成

の入院先の分布は，都市部住民基本医療保険の被保険者の入院先分布に比べ，レベルの低い病院が多いことがわかる。図表4-4から中国の病院の等級が高ければ高いほど入院費用が高くなることも見てわかる。決められている保険指定医療機関でしか保険を利用できず，また，中国の医療資源が都市部に偏在しているため，制度が統合されても，なお現実には新型農村合作医療保険の被保険者の医療アクセスが制限されて，農村部にある比較的レベルの低い病院でしか診療を受けられない可能性が高い。他方で，統合によって，農村住民は都市部住民と同等に医療機関を選べるようになるため，結果として，保険財政の負担増につながる可能性も大きい。

4.2 住民基本医療保険に対する政府の財政補助金問題

前述したとおり，中国の医療保険制度は保険料の負担の高低に応じて受益の高低が決められる，という方針を取っているため，保険料高負担の都市部従業者基本医療保険と保険料低負担の住民基本医療保険における保険給付率・最高給付額等に格差が存在している。この格差の縮小に向かって，政府が努めた結果，都市部住民基本医療保険の場合，その給付率が設立当初の60％から2015年の75％に，新型農村合作医療の場合，その給付率が設立当初の35％から2015年の75％に，かなり高くなった[19]。

しかし，この格差縮小の達成は主に政府財政補助金の増加によるものである。中国の住民基本医療保険の主な特徴の一つとして，保険料に対し財政が補助金を拠出していることがある。住民保険の給付率等を高めるために，政府が財政補助金の増額を継続し，結果，2007年の一人当たり40元の保険料補助金が2015年になると，380元になり，8倍強の増加であった（図表4-5・図表4-6）。2015年の中国従業者の平均賃金は62,029元[20]であり，これで計算すると，従業者一人当たりが従業者基本医療保険基金へのプール金額は約2,605元[21]である。2015年の一人当たり住民基本医療保険の保険料は500元[22]であるため，従業者基本医療保険と住民基本医療保険の間の差は依然として大きい。これからも医療保障のレベルアップを追求する場合，10億人余りの人口を対象に，保険料への財政補助を増やし続けるならば，財政にとって大きな負担になりかねない。また，個人の保険料の大幅の増額に踏み込むならば，住民基本医療保険は自由加入であるため，保険の加入率を如何に維持していくかが課題となる。

■図表 4-5　財政の新型農村合作医療保険に対する保険料補助金及びその増加率の推移

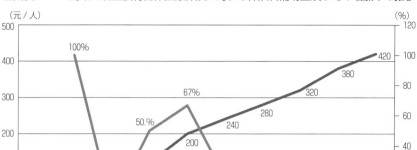

（出所）「国務院办公厅关于印发深化医药卫生体制改革重点工作任务的通知」2009 〜 2016 各年より作成

■図表 4-6　財政の都市部住民基本医療保険に対する保険料補助金及びその増加率の推移

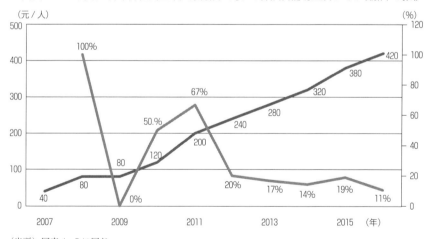

（出所）図表 4-5 に同じ

4.3　従業者基本医療保険における退職者の保険料問題

　従業者基本医療保険では，定年退職者は退職後にもこの医療保険制度を利用し続け，しかも保険料を納付する必要がない。少子高齢化に伴い，都市部従業者基本医療保険に加入している定年退職者の数は年々膨らみ，その数が 2002

■図表4-7　都市部従業者基本医療保険に加入している退職者人数推移図

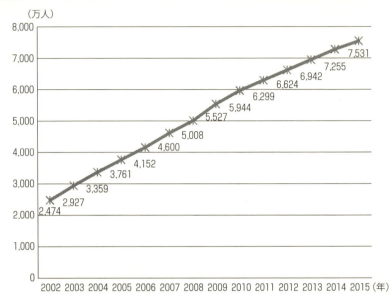

（出所）「劳动和社会保障事业发展统计公报」2003～2007、「人力資源和社会保障事业发展统计公报」2008～2015より作成

■図表4-8　都市部基本医療保険加入者における在職者と退職者の比率推移図

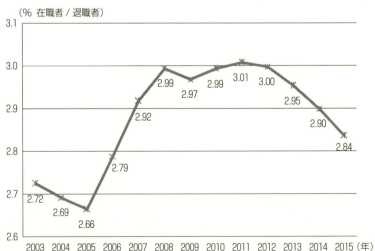

（出所）「人力資源和社会保障事业发展统计公报」各年より作成

年の 2,474 万人から 2015 年 7,531 万人へ，3 倍あまりになった（図表 4-7）。また，在職者数と定年退職者数の比率は 2011 年の 3.01 をピークに低下し，2015 年には 2.84 になった（図表 4-8）。高齢社会の進展によって，これからも従業者基本医療保険を利用する定年退職者数が増え続けると予想でき，また経済成長の鈍化を考えると，在職者と定年退職者数の比例率が改善する見込みは小さい。このため，退職者の保険料問題は従業者基本医療保険の持続可能な発展の妨げになる可能性を否めない。

5　おわりに：持続可能な制度を構築するために

　高齢化の進展，医療技術の向上は医療費の増加をもたらし，世界中の国を悩ませている。中国の医療皆保険制度は混合診療であるため，医療費のコントロールが比較的しやすいが，国民によりよい医療サービスを提供し，また医薬技術を向上させるという視点から，保険で受けられる医療を適度に増やす必要がある。中国も医療皆保険の達成とその後の制度の再整備を通じて，保険制度間に存在する格差の縮小や国民に対する医療保障レベルの向上を努めてきた。しかし，住民基本医療保険と従業者基本医療保険の間の格差が依然として大きく，それを更に小さくするために，10 億人余りの人口に対する保険料補助金を増やすことは一つの選択肢であるが，財政負担の増大が見込まれる。

　また，農村部と都市部住民基本医療保険の統合によって，農村部住民の医療保障のレベルアップが実現されるが，農村部住民の医療アクセス範囲の拡大，医療費用と病院等級の相関性から，住民医療の財政負担が大きく増加する可能性も否めない。このため，住民基本医療保険の保障レベルを高めつつその持続可能性を保つには，財政による保険料補助金の負担と個人保険料負担のバランスをうまくとることは必須であろう。

　さらに，従業者基本医療保険の場合，保険料が高負担であるため被保険者への医療保障レベルが住民保険に比べ高い。しかし，加入している定年退職者の保険料が免除されていて，高齢化の進展につれ，定年退職者数が増加し続け，在職人数との比率は低下し続けている。この傾向が長期にわたって続くと，従業者基本医療保険の財政に悪い影響をもたらす可能性が大きい。この問題を解決するために，定年退職者にも保険料負担を求めることも検討課題であろう。

人口高齢化，医療技術の進歩はこれからも続くものであり，それによって医療費の増加は確実に見込まれる。したがって，医療保険財政とよりよい保険医療の提供という，両者間のバランスをいかにとっていくかがこれからの中国皆保険医療制度が直面しなければならない問題であろう。

(袁　麗暉)

注

1　袁麗暉（2016b）「中国新型農村合作医療保険と都市部住民基本医療保険の統合」『山口経済学雑誌』65 (3-4)，pp.207-222
2　注1に同じ。
3　免責金：中国語で"起付標準"という。日本の自動車保険等でよく見られる言葉で，保険が給付する前に，被保険者が自己負担しなければならない金額のことを指している。
4　最高支給額：中国語で"封頂線"という。これは医療保険が一年間累計給付できる最大累計額である。
5　中国では病院をベッド数，設備，人員，経営管理，技術レベル等の状況で，一級病院，二級病院，三級病院に設定をしている。三級病院は一番レベルの高い病院である。
6　免責金・最高給付額の詳しい内容について，袁（2010a）を参考されたい。
7　北京社保査詢網（http://beijing.chashebao.com/yiliao/12149.htm，2016年11月1日閲覧）
8　人民日報，2016.08.31　3面
9　袁（2010b）
10　中国医療保険制度の問題点について，医療経済学の角度から分析した袁（2010a）を参考されたい。
11　袁（2016a）
12　注1に同じ。
13　農民工は戸籍所在地の新型農村合作医療に加入していないケースもあるが，少数であるため，ここでは考慮しないこととする。
14　注1に同じ。
15　注7に同じ。
16　中国新聞網，2016.10.10
（http://www.chinanews.com/m/gn/2016/10-10/8025768.shtml，2017年7月30日閲覧）
17　http://finance.people.com.cn/n/2012/0821/c1004-18788378.html，2017年7月30日閲覧
18　「医薬経済報」2015.8.3　F02面
19　「国务院办公厅关于印发深化医药卫生体制改革重点工作任务的通知」2009年～

2016 年各年
20 「中国統計年鑑 2016」,中国統計出版社
21 62,029 ＊ 0.06 ＊ 0.7 ≒ 2,605
22 500 元の内訳：政府財政からの補助金 380 元,被保険者個人負担 120 元

引用・参考文献

袁麗暉（2010a）「中国の医療保険制度における医療格差問題」『山口経済学雑誌』59(1-2),pp.83-106

袁麗暉（2010b）「中国医療提供システムの展開とその課題について」『山口経済学雑誌』59(3),pp.233-255

袁麗暉（2016a）「中国大病医療保険制度」『山口経済学雑誌』64(5),pp.553-577

川渕孝一（2012）「医療費」『月刊　地域医学』26(7),pp.622-627

中国新聞網「20省份明確城乡医保并軌　民众能享受到啥优惠？」2016年10月10日付
（http：//www.chinanews.com/m/gn/2016/10-10/8025768.shtml,2017 年 7 月 30 日閲覧）

人民網「广州医保去年亏空近2亿　　政府表示承担资金缺口」
（http：//finance.people.com.cn/n/2012/0821/c1004-18788378.html,2017 年 7 月 30 日閲覧）

北京社保查詢網
（http：//beijing.chashebao.com/yiliao/12149.htm,2016年11月1日閲覧）

中華人民共和国国家衛生及び計画生育委員会「2015年我国卫生及计划生育事业发展报告」2016.07.20

「关于建立城镇职工基本医疗保险制度的决定」国发 {1998} 44

「关于建立新型农村合作医疗制度的意见」卫生部等 2002

「关于开展城镇居民基本医疗保险试点的指导意见」国发 {2007} 20

「关于职工医疗制度改革试点意见」体改分 {1994} 51

「关于普遍开展城镇居民基本医疗保险门诊统筹有关问题的意见」人社部发 {2011} 59 号

「国务院办公厅关于印发医药卫生体制改革五项重点改革安排的通知」,2009 ～ 2016 各年

「劳动事业发展年度公报」,1994 年～ 1995 年各年

「劳动和社会保障事业发展统计公报」,1998 年～ 2007 年各年

「劳动事业发展统计公报」,1996 年～ 1997 年各年

「人力资源和社会保障事业发展统计公报」,2008 年～ 2015 年各年

人民日报「医保整合,提升居民获得感」,2016 年 8 月 31 日付 3 面

『中国衛生統計年鑑』2016

『中国统计年鉴』2015,2016

第5章

イギリスの医療保障制度

1 はじめに：イギリスの医療制度改革について

　イギリスは社会状況に合わせ，日本では考えられないほど頻繁に，時にはかなり大きな組織改編を伴う改革を行っている。高齢化や，医療技術の進展による医療費高騰といった状況下で，財政的にも危機に瀕しながら，いかに医療サービスの質を維持するか試行錯誤を重ねている。

　東アジア諸国にも，近い将来高齢化の波は押し寄せてくることは確実であり，医療技術の高度化も同様であることから，費用の高額化も想定できる。その際，イギリスで行われているさまざまな改革は，医療制度を維持するための有益なヒントとなるであろう。

　本章では，イギリスの医療保障制度（NHS）の仕組みや，運営組織・各医療専門職の役割などについて説明する。その後，現在進められている改革を紹介する。この改革は「地域包括ケアシステム」を推進する日本においても参考になるものと考えられる。

2 国民保健サービス（National Health Service=NHS）とは

2.1 NHSの創設と近年の動向

　イギリスの医療保障制度であるNHSは，1946年に制定された国民保険サービス法によって1948年に創設された。創設から70年が経つこの制度は，1942年に発刊された『ベヴァリッジ報告』の影響を受けている。この報告は，社会保障のあり方を体系的に論じた世界で最初の文献であるとも考えられている[1]。

この中で医療サービスは，社会保険による所得保障を機能させるための3つの前提条件の1つとしてとりあげられている[2]。同報告では，病気で働けなくなる期間の短縮と給付費抑制のため，治療だけでなく予防医療についても保障する，包括的な保健医療サービスを利用者の負担なしで提供する必要があることを示している。さまざまな社会環境の変化によって，NHS は幾度となく制度改正が行われてはきたが，現在でも，この理念は受け継がれており，予防やリハビリを含めた包括的な保健医療を，国の責任によって原則無料で提供する点は変更されていない。

しかしながら，1990年代以降は制度を運営する組織の改革や，診療所に勤務する医師ならびに病院への診療報酬支払い方式などが相次いで改革されている。特に 2000 年からの労働党政権による 10 か年計画と，2013 年に行われた保守・自民党連立政権による制度改革は，組織を大きく改廃する非常に大きな改革であり，後者は NHS 始まって以来の大改革とまで言われている。これら近年の改革は，医療の質を落とさず，いかに医療費の高騰を抑えるかが目的となっている。東アジア諸国同様，イギリスでも制度を維持すべくさまざまな改革が行われている状況にある。

2.2 NHS の概要

2.2.1 財源

前項で述べた通り，NHS は包括的な保健医療サービスを原則無料で提供している。その財源の大部分は租税で，およそ8割を占めている。残りの2割弱は国民保険からの拠出金で，1％強が患者負担となっている。

国民保険とは，学生や一定所得未満の者を除く，義務教育修了年齢を超えるすべての国民が被保険者となる社会保険で，被保険者は被用者，自営業者，任意加入者に分類され，所得に応じた保険料の拠出が義務付けられている。その給付は，基礎年金・求職者手当金（失業保険）・出産手当など多岐にわたっている。この保険料の一部が NHS の予算にまわされている。

2.2.2 受診

無料で医療機関を受診できる NHS のシステムでは，日本のように受診したい医療機関を自由に選ぶことができる「フリーアクセス」は保障されていない。まず，すべての国民は，かかりつけの診療所を登録する必要がある。このかか

りつけ診療所の登録は，患者側からいつでも自由に変更が可能となっている。また診療所の側からも他の診療所を紹介するなど，登録の変更を求めることができる。

そして救急の場合以外，その診療所の一般医（General Practitioner = GP）の診察を受けなければならない。これを一次医療（Primary Care）という。そして簡単な治療で済むような場合は，そこで治療を受けることができる。

しかし，検査や入院など高度な医療サービスが必要な場合は病院が紹介される。病院は救急以外では，一般医による紹介なしで受診することはできず，一般医が高度で専門的な治療を必要であると判断した患者しか受診することができない。病院で受ける治療を二次医療（Secondary Care）という。

このようにNHSでは，診療所の一般医が病院などの高度な医療サービス利用への門番役（ゲートキーパー）の機能を果たしている。最初に患者がアクセスする医療機関として診療所，そして高度な医療サービスを要する場合には病院，と機能分化がなされ，医療資源の配分を効率的にしている[3]。

また，経済的な負担の必要がなく診察が受けられる点については，公平性が保たれているといえる。さらに，全国民が同じ医療保障制度の適用を受けるため，日本のように高齢者専用の医療保障制度はなく，年齢や経済的な状況にかかわらず全国民が同等に医療サービスを受けられるシステムになっている。

2.2.3　患者の一部負担

2.2.2で示した順序で，医療機関を受診したのであれば，病院で手術や検査などを受けても患者負担は無料となる。ただし，一部負担が必要なサービスもいくつかある。主なものとして，薬剤の処方，歯科治療，眼鏡サービス・検眼があげられる。

2017年度では，薬剤費として処方1件につき8.60ポンドの一部負担がある。ただし60歳以上，16歳未満，16～18歳の学生，低所得者世帯，出産前後の女性，入院患者，外出時に介助を必要とする者，などは負担が免除される。そのため多くの国民が免除に該当し，2016年の免除件数は全体の処方総数の約89.4％にのぼる[4]。

歯科治療の患者負担は①検査・診断，②補てつ，③義歯など，の3段階に分けられており，それぞれ定額の負担（2017年度は，①20.60ポンド，②56.30ポ

ンド，③244.30 ポンド）が定められている[5]。

検眼・眼鏡サービスはかつて無料であったが，現在では有料である。ただし，18歳以下の学生や低所得者に対しては金券（NHS Optical voucher）が支給され，費用の減免が図られている[6]。

2.3 NHSの主な組織構造
2.3.1 現在のNHSの仕組み

イギリスでは2010年に政権交代が起こり，保守・自民党連立政権が誕生した。同年に新政府は 'Equity and Excellence：Liberating the NHS'（Department of Health, 2011）を発表し，2013年度からNHSの組織は大きく変化した。現在のNHSは図表5-1のようになっている。

2013年3月まで，NHSの各組織は保健省によって直接管理されていた。しかし，現在では保健省の役割は変わり，政策・戦略の立案，財務省との予算折衝や国際的な医療・健康問題への対応などを行うのみとなり，組織の管理は行われなくなった。

図表5-1に示した期間以外にも多数の組織が，国民の健康を支えるべく活動しているが，次は図表にあるNHSを代表する組織の主だった役割について説明する。

2.3.2 NHSイングランド

NHSイングランド（NHS England）は，4つの地域チームと27のローカルエリアチームで構成されていて，当該地域の一般医の診療所と契約を結び，一次医療の計画や監視などにあたる。イングランドの人々の医療の質の向上や透明で開かれたNHSを目指すことを目的としている。

また，臨床委託グループに財源を与え，一般医や歯科医といった一次医療の委託ならびに，その管理や支援も行っている。

2.3.3 臨床委託グループ

臨床委託グループ（Clinical Commissioning Groups = CCGs）とは，当該地域のすべての一般医が加入し，一般医によって運営される組合である。1つのグループで6万8,000人から90万人までの地域人口をカバーしている[7]。臨床委託グループは，NHSイングランドから財源を得て，当該地域における地方自治体やNHSトラストなどと共に，その地域医療の質を向上させる計画や予算

■図表5-1　NHSの仕組み

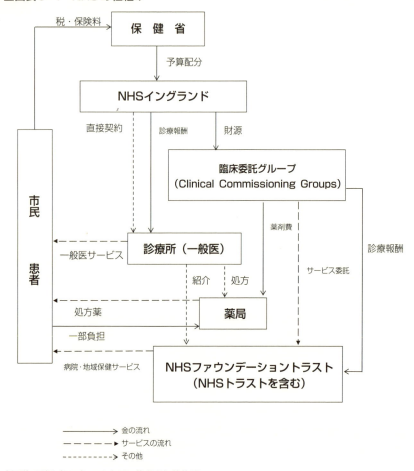

（出所）田畑（2014）p.73を元に筆者が加筆修正

の策定などを行う組織である。

　一般医によって運営されるこの組織は，より患者に近い立場からの運営ができると考えられている。臨床委託グループは，NHSファウンデーショントラストに二次医療を委託，購入する役割を担い，それを監視することで，患者の立場に立った医療供給を行うことを目指している。しかしながら，組織の運営や管理についての専門家ではない一般医が十分な運営ができるのか，疑問視す

る声もある。

2.3.4　NHS ファウンデーショントラスト

　NHSトラストとは，各地域の二次医療（病院サービス）を提供している組織である。2004年以降，NHSトラストの中でも質が高く，健全な運営ができているものには，NHSファウンデーションという資格が与えられるようになった。

　NHSファウンデーショントラストと認められることにより，独立性が高まり，より自由な資金調達を行うこともできるようになる。保守自民連立政権は，すべてのNHSトラストをNHSファウンデーショントラストに改組する計画を立案し，2014年4月までにそれを達成する予定であったが，いまだにすべてのNHSトラストの移行は完了していない。

2.4　NHS プランによる改革（2000年〜2010年の改革）

　順番が前後するが，ここでは2000年代に大きな成果をあげたNHSプラン（NHS Plan）による改革についても説明しておく。前項であげたNHSトラストのNHSファウンデーショントラストへの移行も，この改革の1つである。

　1990年代，財源不足や医療従事者不足，待機期間の長期化によりNHSの評価は非常に悪化していた。1997年，NHSの国民満足度は34％となり，1981年の調査開始以来の最低値を記録した。この年に政権が保守党から労働党へと移り，改革が進んでいくこととなる。

　2000年に発表された「NHSプラン」では，10年をかけてNHS予算を大幅に拡大し，待機期間の短縮や病院の新設などについて具体的な数値目標を掲げ，それを達成するべく進められた。3.2.1でとりあげる一般医への診療報酬制度への改革もこの一環である。

　1990年代まではイギリスの医療費の対GDP比は6％台であったが，この改革により，2009年には9％台となりEU諸国並のレベルにまで上昇した。その結果，入院の待機患者数は126万人から63万人へと半減，入院待機期間も13.2週から4週間まで短縮された。さらに一般医への診療報酬改革も進み，医療の質が高まったこともあり，2010年にはNHSへの国民満足度は70％にまで上昇した[8]。

　イギリスでは，NHSの財源徴収方法や患者負担に関しては，改革の余地がほとんどない分，医療サービスの提供体制や診療報酬など，医療サービス供給

側への改革を行うことで，多大な影響を与えてきた。次節では，NHSの医療提供体制の特徴について論じる。

3 NHSの医療提供体制

3.1 一般医と専門医の役割

　NHSでは一次医療と二次医療の線引きがはっきりとなされており，それぞれの医療を担当する医師についても役割が分かれている。二次医療を担当する専門医については，重症な患者に対して高度で専門的な知識や技術をもって，患者の治療並びに社会復帰が目標とされている。一般医については，治療のみならず患者からの相談や予防医療についても，その役割を果たすことが求められている。

　2.2.2でも述べたが，イギリスでは国民全員が自分が受診する診療所を登録し，まずはそこの診療所の一般医に診てもらわなければならない。そのため，患者は自身が登録している診療所の一般医と長く付き合っていくことになる。一般医はその患者の病気の情報や治療だけでなく，各患者の生活に関する情報を集積し，日常生活のなかで健康を維持する生活指導や，慢性的な病気の悪化などを防ぐような病気のコントロールの方法も指導する。したがって，一般医は健康問題について相談しやすい環境を作ることが求められている。

　また，一般医からの紹介を受け，専門医による入院治療を受ける際にも，一般医が専門医と連絡をとり，受けた医療の内容を一般医に集めることになっている。その情報をもとに，一般医は患者の退院後の医療にも反映させていく。患者に最も近いところで接することとなる一般医は，ある意味では1つの専門科として捉えることもできる。

　またイギリスで診療を行うには，医師の診療の免許を取得する必要がある。この免許は2012年以降，5年ごとの更新制になっている。医師として活動するためには，5年ごとに自身の業務に関するチェックを受ける必要がある。

　更新の際には，①知識・技能・パフォーマンス，②安全と質，③コミュニケーション・連携・チームワーク，④信頼の維持，の4つの評価を受ける。登録時や免許更新時には登録料・更新料が必要であり，登録を継続するには年会費も必要となる[9]。

3.2 診療報酬制度
3.2.1 診療所の診療報酬

　一般医への診療報酬は，かつては登録者数に応じた人頭報酬が中心であった。しかし人頭報酬中心の場合，医師は患者の診察を行うことで報酬が増えることはない。治療に用いる薬代や診療所の経費なども人頭報酬に含まれていたため，患者が受診にこない方が手元に残る報酬が多くなる。そのため一般医は患者に対し，患者が病気にならないようにする，予防行動の指導等を積極的に行うインセンティブがある。

　こうした指導を行う診療自体は適切であり，必要な医療サービスであるが，裏を返せば診察や治療などの医療サービスは積極的に行わない方が，一般医としては多く報酬が手元に残るようになるとも捉えられる。その結果，すぐに病院を紹介するというような，自らが積極的に診療を行わない一般医も出てくるなどの問題も生じていた。この点は前節で述べた国民満足度の低下の原因の1つにもなっていた。

　そうした問題もあり，NHSプランによる改革によって2004年以降，NHSでは人頭報酬の割合を下げ，出来高払いの性質を持つ報酬が設定された。一般医が自身の得意な分野を活かして治療を行ったり，特定の疾患の治療や診療所の環境改善などで成果を上げたりした場合，追加的な報酬が支払われるようになった[10]。これにより，診療所では自身の登録患者に対し，充実した診療を行うことで報酬を得られやすくなったため，積極的な診療を行うことにつながり，診療所に対する支払いは大幅に改善された。その結果，過度な病院への紹介も減り，適切な二次医療の活用にもつながった。これは，2.4でも述べた病院での診察など二次医療への待機期間の短縮に影響を与え，先述した国民満足度の上昇にも寄与したといえる。

3.2.2 病院への診療報酬

　入院医療に対する診療報酬の支払い方式も，2004年以降大きく変更された。それまでは，各病院の過去の事業実績に基づき，包括的に決められた予算が支払われていた。しかし，診療所同様2004年度から新たな診療報酬制度として，診療実績に応じた支払い方式（Payment by Result：PbR）が導入された。これにはイギリス版DRG（Diagnosis Related Group：診断群分類別包括支払い）であ

るHRG（Healthcare Resource Group）が活用されている[11]。DRGとは患者の疾病や重症度を，あらかじめ定められた診断群に応じて分類し，分類ごとに価格を定め，実際の診療件数に応じた支払いをする方式である。

HRGもDRGと類似したシステムである。同質で同量の医療サービスを要する疾病をグループ化し，HRGごとに公定価格を定め，それに基づいて診療報酬が支払われている。診療所同様，病院は自分たちが治療を行った件数に応じて報酬が支払われる制度が取り入れられたため，積極的に治療を行うインセンティブが与えられた。

3.2.3 一般医・専門医への診療報酬

医師本人への報酬は，「医師の報酬を検討する独立した委員会（Review Body on Doctors' and Dentists' Remuneration：DDRB）」の意見をもとに，国が決定している。

DDRB（2017）によると，2014年度における一般医のネットの平均年収額は10万1,500ポンドである。一般医の報酬は2005年度の11万ポンドをピークに概ね下落が続いていたが，2014年度は5年ぶりに上昇がみられた。診療報酬制度が改定される以前の2003年度の額と比較すると，2014年度は24.4％増加している[12]。

専門医にはいくつかのランクがあるが，その中の上級職であるコンサルタント（consultant）の2017年度の報酬は，イングランドで7万6,761～10万3,490ポンドである[13]。さらにコンサルタントにはこの報酬に加え，果たすべき水準以上の成果を上げた場合に支払われる特別報奨金（Clinical Excellence Award）がある。この報奨金は12段階あり，1～8段階までは地方の組織によって授与され，ブロンズ・シルバー・ゴールド・プラチナと呼ばれる9～12段階はイングランドによって授与される。この報奨金は一度受けると毎年継続される。

3.3 薬剤師・薬局・調剤

イングランドでは2005年以降，薬局数が増加している。これは，患者の利便性向上と共に，薬局が医療サービスの供給に重要な役割を果たす機関として位置付けられているからである。

NHSと契約をしている地域薬局（Community Pharmacy）の提供するサービスには，必須サービス（Essential Services），上級サービス（Advanced Service），

地域サービス (Locally Commissioned Service) の3つがある。

必須サービスとは，すべての地域薬局が提供するサービスで，調剤や患者へのサポート，健康に関するアドバイスや，年6回の地域での活動などといったサービスがある。

上級サービスとは，地域薬局で認定を受けた薬剤師が提供できるサービスである。その内容は，長期間薬を服用している患者と薬剤師が面談をし，処方について評価を行い，処方の見直しなどを行ったり，新しく処方された薬について患者と話し合い，その効果や副作用などを調査したりするものなどがあげられる。いずれのサービスもターゲットとなる疾患がそれぞれ設定されており，その患者に重点的にサービスを行うようルールが設定されている。

地域サービスは，地域ごとに認可されたサービスを提供するものである。主なものとしては，補足的な調剤・禁煙指導・軽症疾患の管理・時間外営業・学校へのサービスなどがある。

地域薬局の薬剤師は調剤のみならず，以上のようなサービスを行うため，その役割や機能は，日本の薬局や薬剤師と比べ広範囲なものとなっている。

病院薬剤師は，さらに高度な専門知識に基づいた判断を医師や入院患者に提供することができる。病院薬剤師は，患者と相談した上で剤形を変更することも可能であり，その際医師への報告義務はない。これは薬剤師の知識や専門性に十分な信頼がおかれ，さらにチーム医療として，薬剤師が介入する範囲を医師が理解しているからである。また，病院薬剤師は病院が購入する医薬品の選択，決定を行う役割も担っており，求められる役割はさらに広がっている。そのため，病院薬剤師は人手不足となっている。

王立薬剤師会は，薬剤師を「NHSで第三の医療専門職」として活動させることを目指しており，次節で述べる，今後のNHSに求められる統合・連携された医療サービスを行う一員としての役割を果たす必要性を指摘している[14]。

4 近年のNHSの動向

4.1 5年間の展望[15]

イギリスも，日本ほどではないが高齢化が進み，医療サービスの高度化などもあり，NHSの予算が膨らみ続けている。今後の安定した制度運営のため，

さまざまな改革を実施し続けている。

　2014年10月，NHSは『5年間の展望（Five Year Forward View）』を発表した。そこでは今後のNHSのあり方として，予防と公衆衛生の改善及び，家庭医と病院，身体的ケアと精神的ケア，医療とソーシャルケアといったサービスの間にある垣根をなくし，連携して治療を行いやすくすることや，患者が自身に必要な医療の管理を自分でも行えるようにすることなどが，改革の方向として取り上げられている。

　その策の選択肢となる新たなケアモデルとして，地方自治体や雇用主に肥満や喫煙など日常の生活習慣に対する取り組みを行わせたり，一般医が看護師やその他の医療サービス（病院の専門医，精神的ケア，ソーシャルケアなど）と連携し，退院後のケアにあたる「複合的専門コミュニティプロバイダー（Multi-specialty Community Provider）」を創設すること，一次医療と病院医療のプロバイダーを統合した「一次・急性期医療システム（Primary and Acute Care Systems）」を創設することなどをあげている。こうした取り組みによって，これまで完全に役割分担がなされていた一次医療と二次医療とが連携しやすくし，効率よく患者の健康管理を行いやすくするねらいがある。

　これらの策を実行に移すには，新たな診療報酬支払い制度が必要であると考えられ，2014年12月に『NHSのサービスへの支払い制度改革（Reforming the payment system for NHS services：supporting the Five Year Forward View）』が発表された。そこでは，新たなケアモデルに合った診療報酬支払い制度を作ることが示され，今後診療報酬制度改革を行ったうえで，2020年には新たなケアモデルへの移行が始められる予定である。

　そして，2015年12月には，『展望の達成：2016～2020年度におけるNHSの計画指針（Delivering the Forward View：NHS planning guidance 2016/17-2020/21）』が発表され，2つの計画を示された。1つは「5年間の展望」を進めるべく，各地域の持続可能な改革の5か年計画を立てること，もう1つはその計画の実現のため，単年度ごとの実行計画を立てることである。これを受けNHSイングランドは，2016年3月に『2016年度ビジネスプラン（Our 2016/17 Business Plan）』を作成し，優先すべき10項目の計画をあげ，改革を進めるべく動いている。

4.2 今後の施策について [16]

『展望の達成：2016 ～ 2020 年度における NHS の計画指針』発行後，NHS の組織とイングランド内の自治体が協力し，地域ごとの計画を立案した。最終的な計画は 2016 年の 10 月に提出されている。これらの計画は「Sustainability and Transformation Plans = STPs」と呼ばれ，イングランドの 44 の地域を拠点として作成されている。それぞれの地域の計画は，オンライン上で閲覧できるようになっている（2017 年 10 月現在）。各地域の計画は，CCGs や NHS ファウンデーショントラストから派遣された専門家をリーダーとして立案されている。

さらに，2017 年に出された，『5 年間の展望の次の一歩（Next steps on the NHS five Year Forward View）』においては，STPs を発展させた「Accountable Care Systems（ACSs）」という地域ごとに統合された医療システムの構築を目指すことが明らかにされた。これは治療などの医療サービス提供とともに，財源の管理も連携して行えるようにする仕組みである [17]。

「2012 年保健・ソーシャルケア法」では，競争がもたらす影響を活用する改革を模索していた。しかし，現在は先述した STPs にもみられるように，地域単位で直面する問題に対応すべく，NHS の組織や地域が協働するようになっている。こうした新たなアプローチは「地域に基づく計画（place based planning）」と捉えられ，今後の改革の中心となるものである。

この動きは，変化し続ける各地域の人々の医療ニーズに応えられるよう，一般医や専門医，薬剤師，ソーシャルワーカーなどの異なる部門が連携して，医療サービスを提供することにつながる。また，個別の対応が難しいような各部署の財政問題についても，連携することでその地域独自の特性や医療資源を協力して管理・活用し，対応することが可能になる。

こうした地域ごとに合わせた総合的医療サービスを提供していく動きは，これまで国の関与が強かった NHS にとっては新しい試みである。STPs や ACSs によって，医療サービスの質を維持したまま，医療制度を持続させるだけでなく，さまざまな部門が連携することによって，人々の健康増進ならびに福祉の向上が期待されている。また，日本で進められている，地域包括ケアシステムの参考にもなりうるのではないか。

5 おわりに:これからの NHS

　医療に関する支出はイギリスの公的支出の中でも 2 番目に多い項目であり,年々増加傾向にある。2011 年から 2014 年においては,医療以外の公的部門は平均 2.9％の削減を強いられているが,NHS 関連の予算は平均 0.1％の増加が認められている。それでも,上昇を続ける医療増加に見合った予算増とはいえず,現在かつてない危機に陥っているとも言われている[18]。

　1990 年代後半にあった,NHS の問題は提供される医療サービスの質に問題があり,それは医療関連予算を拡充する方向で改善できた。しかし,近年では医療関連予算の縮小も求められており,医療サービスの質を落とさずにいかに予算を抑えるか,注目に値する。

　その 1 つの方法として,これまでは診療所や病院,地域医療などそれぞれ明確に役割が分かれていた者同士が連携し,統合・集約したサービスを提供していくことを掲げ,実現に向けて動いている。それにより患者の利便性を高めつつ,効率的な医療サービス提供を目指すという形で対応しようとしている。

　こうした計画によって,本当に医療サービスの質を落とさずに,費用の抑制が可能で制度を持続可能なものとしていけるのか,まだ判断はできない。しかしイギリス以上に高齢化が進展し,医療費の高騰が続いている日本や,東アジア諸国の今後の医療政策を考えるにあたり,こうしたイギリスの一連の積極的な医療保障制度や医療提供体制の改革がどのような結果をもたらすのか,注視していく価値は十分にあるといえる。

（田畑雄紀）

注

1　一圓（2014）p.159 参照。
2　Beveridge（1942）para.409, 426, 427 参照。3 つの前提の内,他の 2 つとは,児童手当と雇用の維持である。
3　ただし,NHS ではすぐに一般医の診療予約がとれるとは限らず,さらに病院での診療は,一般医からの紹介があっても長期の待機期間がある場合もある。2000 年以降の NHS プランによる改革で改善はみられるものの,依然として問題になっている。
4　NHS Digital（2017）p.27 参照。
5　NHS Choices（2017a）参照。

6　NHS Choices（2017b）参照。ここでは詳細な負担額も掲載されている。
7　イギリス医療保障制度に関する研究会編（2016）p.12 参照。
8　National Centre for Social Research（2016）参照。ただし，2016 年の NHS の国民満足度は 60％である。
9　田畑（2016c）p.20 参照。
10　成果報酬は 2004 年以降何度か改定がなされ，2014 年度には，臨床基準，公衆衛生，公衆衛生の付加的サービスの 3 つの領域が設定されている。
11　HRG は改定が繰り返され，現在は HRG 4 が採用されている。田畑（2016a）p.279 参照。
12　DDRB（2017）p.207 Table E1 参照。
13　DDRB（2017）p.169 参照。
14　Royal Pharmaceutical Society（2014）参照。
15　田畑（2016a）pp.279-280 参照。
16　田畑（2017）pp.279-280 参照。
17　このように連携して，医療サービス提供を行うかたちになったものを Sustainability and Transformation Partnerships と呼び，その略称は STPs とされている。前出の STPs と同じ略称であるので注意が必要である。
18　イギリス医療保障制度に関する研究会編（2016）p.91 参照。

引用・参考文献

イギリス医療保障制度に関する研究会編（2016）『イギリス医療保障制度に関する調査研究報告書』（2015 年度版）医療経済研究機構

一圓光彌・田畑雄紀（2012）「イギリスの家庭医制度」『健保連海外医療保障』No.93, pp.23-30

一圓光彌（2014）「ベヴァリッジ報告再考」一圓光彌・林宏昭編著『社会保障制度改革を考える：財政および生活保護，医療，介護の観点から』（pp.159-179）中央経済社

亀井美和子（2017a）「英国 NHS における薬剤給付：高額薬剤に対する給付，OTC 薬の使用に関して」『健保連海外医療保障』No.113, pp.15-20

亀井美和子（2017b）「英国 NHS における薬局の役割：高齢社会を見据えたロードマップ」『健保連海外医療保障』No.114, pp.15-21

白瀬由美香（2016）「イギリスの診療報酬制度」『健保連海外医療保障』No.111, pp.20-27

田畑雄紀（2014）「日本の医療保障制度のあり方：イギリスの医療保障制度改革を参考に」一圓光彌・林宏昭編著『社会保障制度改革を考える：財政および生活保護，医療，介護の観点から』（pp.65-84）中央経済社

田畑雄紀（2016a）「医療保険制度：イギリス」『保険と年金の動向 2016/2017』, pp.276-280, 厚生労働統計協会

田畑雄紀（2016b）「イギリスの薬剤政策と薬局・薬剤師の役割」『健保連海外医療保

障』No.109, pp.16-22
田畑雄紀（2016c）「イギリスにおける総合医と専門医」『健保連海外医療保障』No.112, pp.18-23
田畑雄紀（2017）「医療保険制度：イギリス」『保険と年金の動向2017/2018』, pp.276-280, 厚生労働統計協会
Beveridge, William (1942) *Social Insurance and Allied Service*, HMSO （一圓光彌監訳『ベヴァリッジ報告：社会保険および関連サービス』法律文化社, 2014年).
Department of Health (2011) *Equity and Excellence：Liberating the NHS*, The Stationary Office
National Centre for Social Research (2016) *British Social Attitude 33rd report*
  (http：//bsa.natcen.ac.uk/latest-report/british-social-attitudes-33/nhs.aspx, Accessed August 10, 2017)
NHS (2017) *Next steps on the NHS five Year Forward View*
  (https：//www.england.nhs.uk/wp-content/uploads/2014/10/5yfv-web.pdf, Accessed August 10, 2017)
NHS Business Service Authority (NHSBA) (2017) *Prescription prepayment certificates*
  (https：//www.nhsbsa.nhs.uk/help-nhs-prescription-costs/prescription-prepayment-certificates, Accessed August 15, 2017)
NHS Choices (2017a) *NHS dental services explained*
  (http：//www.nhs.uk/NHSEngland/AboutNHSservices/dentists/Pages/nhs-dental-charges.aspx, Accessed August 3, 2017)
NHS Choices (2017b) *NHS voucher values*
  (http：//www.nhs.uk/NHSEngland/Healthcosts/Pages/nhs-voucher-values.aspx, Accessed August 7, 2017)
NHS Digital (2017) *Prescriptions Dispensed in the Community, England 2000-2016*, NHS digital
NHS England (2014) *Five Year Forward View*
  (https：//www.england.nhs.uk/wp-content/uploads/2014/10/5yfv-web.pdf, Accessed August 8, 2017)
NHS England and Monitor (2014) *Reforming the payment system for NHS services：supporting the Five Year Forward View*
  (https：//www.gov.uk/government/uploads/system/uploads/attachment_data/file/381637/ReformingPaymentSystem_NHSEMonitor.pdf, Accessed August 8, 2017)
NHS England (2016) *NHS England Business Plan 2016/17*
  (https：//www.england.nhs.uk/publication/nhs-england-business-plan-201617, Accessed July 31, 2017)
NHS England (2017) *NHS England Funding and Resource 2017-19: supporting 'Next Steps for the NHS Five Year Forward View*

(https：//www.england.nhs.uk/wp-content/uploads/2017/03/nhse-funding-resource-supporting-fyfv.pdf, Accessed August 17, 2017)
Review Body on Doctors' and Dentists' Remuneration (DDRB) (2017) *Forty-Fifth Report 2017*
(https：//www.gov.uk/government/publications/review-body-on-doctors-and-dentists-remuneration-45th-report-2017, Accessed July 31, 2017)
Royal Pharmaceutical Society (2014) *The Five Year Forward View：English Board Response*
(http：//www.rpharms.com/pressreleases/pr_show.asp?id=2349, Accessed August 8, 2017)

第6章

日本における中国人看護師の受入れと雇用の実態

1 はじめに：外国人看護師の受入れの概要

　経済連携協定（Economic Partnership Agreement：EPA）に基づき，外国人看護師を日本が受け入れることが可能になってから10年が経とうとしている。具体的には，2008年度からインドネシア人看護師が，2009年度からフィリピン人看護師が，そして2014年度にはベトナム人看護師が候補者として受け入れられるようになり，日本の看護師国家試験に合格すれば，日本の医療・介護等の現場で看護師として看護業務に携われる制度枠組みが設けられたのである。

　日本における看護師の労働力不足問題への対応ではなく，あくまで経済活動の連携強化の観点からはじまった，この外国人看護師の受入れは，日本の看護師国家試験合格の難しさから当初の予定を大きく下回り，2016年度現在の候補者受入れ数は累計1,118人，国家試験合格者数が2015年度までに201人で，日本で看護師として就職するに至る者は非常に少なくなっている[1]。

　一方で，経済連携協定（以下，EPAと呼ぶ）に基づく外国人看護師の受入れを促すために実施された規制緩和を背景に，中国人看護師が数多く入国し，日本の看護師国家試験の合格を経て医療施設や介護施設に就職，看護業務に携わっている。その人数は，2013年までに183人とも言われ[2]，現在も着実に増加している。

　本章は，日本における中国人看護師の受入れと雇用の実態を明らかにし，雇用する医療施設側の評価も取り上げながら，医療の現場における問題とその対応について論述する。

2　中国人看護師の受入れの実態：日本の国家試験合格と雇用の現状

　中国人をはじめ外国人が日本で看護師として就労するためには，日本の看護師国家資格を持たなければならない。中国人看護師の日本における雇用実態を捉えるには，まず看護師国家試験の受験と合格状況についてみる必要がある。しかし，日本の看護師国家試験の担当機関である厚生労働省医政局看護課によると，中国人の看護師受験者数および合格者数は「その他」の区分に分類され，正確な合格状況を把握することはできない。

　例えば韓（2013）によると，2005年から2013年まで少なくとも計370人の中国人看護師が来日し，特に2009年から受入れ人数が増えはじめていることが分かっている。中国人看護師の受入れ人数が増えてきた背景には，日本政府の外国人看護師に対する規制緩和，具体的には，外国人看護師に対する「看護師国家試験受験資格認定」の緩和（2005年），出入国管理法による外国人看護師就労年数や活動地域の制限撤廃（2010年）等があると考えられ[3]，なかには受入れ人数の約7割が看護師国家試験に合格しているという推計結果もある[4]。

　政府統計が得られないことから，本章では，中国人看護師の受入れ活動を行っている各組織がウェブサイトで公表しているデータを観察し，受入れと雇用の現状把握を試みよう[5]。

　特定非営利活動法人（以下，NPO法人と呼ぶ）Aは，今後の日本と海外医療への貢献を目指して，中国など広く海外から優秀な看護師を招聘し，2007年から日本に対する中国人看護師の受入れを開始した組織である。具体的には，中国の医療系大学と連携し，日本で看護師として就労することを希望する者に対して中国の医療系大学入学時に面接などを行う一方，受入れ施設と契約を結ぶ方法をとっている。NPO法人Aが2011年から2014年まで受け入れた看護師10人のうち，9人が日本の看護師免許を取得し，日本の医療施設に就職している。

　NPO法人Bの場合，2008年から，中国の医療系大学だけでなく看護学校とも連携し，日本の医療現場で働くことのできる中国人看護師の養成に取り組んでいる。この取組みによって，2013年までに受け入れた中国人看護師は約160人であり，このうち日本の看護師資格を取得したのが約100人（6割強）となっ

ている[6]．さらに現在までに，200人以上の中国人看護師が来日し，150人以上の人が日本の看護師資格を取得したと公表されている（当法人 H.P.2016年4月末更新時点）。2013年以降3年間で40人以上が受け入れられていることになり，その多くが看護師国家試験に合格した後に日本各地の医療施設，高齢者介護施設などで働いていることも公表されている。

　一般社団法人Ｃは，医療の人材をはじめ海外の優秀な人材に対し，日本での教育・育成，雇用の創出に関する事業を行い，その人的活動・交流に寄与することを目的として2009年9月に設立された組織である．当法人では，2013年まで受け入れた中国人看護師が2人のみであったが，現在は毎年，遼寧省，山東省，河南省，江蘇省，四川省から20人～30人の中国人看護師を受け入れている[7]．具体的には，まず中国で，日本語N2合格者，または同程度の学生を試験や面接で選抜する．厚生労働省の外国人看護師に対する国家試験受験資格認定基準では，日本語能力について能力試験N1の認定が規定されているため，来日後にはこれを受験し，選抜された学生の約30％が3か月間で，残りの約70％は9か月間で合格する[8]．これらの学生全体の看護師国家試験合格率は70％であり，その前には准看護師試験を受験し，全員が合格している．2017年6月までに日本で就職している中国人看護師は38人となっている．

　中国の有限会社であるＤは，2011年に設立され，医療人材の国際交流を促進し，外国での就職を希望する看護師にその機会を与えることを目的とする活動を行っている．日本の一般社団法人Ｅなどの組織と連携し，2013年までに約160人の中国人看護師が来日し，約100人（6割強）が看護師免許を取得，日本の医療施設に勤務するに至っている[9]．年に4回で各年80人程度の受入れ，したがって2016年末まで合計すると約500人の中国人看護師を日本に送っていると推測され，看護師国家試験合格率が6割程度に維持されているとすれば，現在は300人程度の中国人看護師が日本で就職していることになる．なお，当社が2017年5月に公表した事業年度報告によると，2016年5月1日からの1年間に，日本での就職を希望する中国人看護師について，ネットによる申請者が600件強となっていることから，今後有限会社Ｄの活動を通じた受入れ人数が，他の組織に比べてより多くなるものと予測される．

　一方，中国人看護師を受け入れている日本の医療施設として，埼玉県戸田市

にある戸田中央医科グループが挙げられる。本グループでは 2015 年 12 月末までに入職に備えて中国人看護師 40 人が来日し，そのうちの 24 人が 2016 年に入職予定となっている。さらに 2017 年度には最大 50 人の規模で，中国人看護師の採用を進めようとしている [10]。

以上において，中国人看護師の受入れに携わっている NPO 法人ほか関連組織や日本の医療施設の状況を述べてきた。外国人看護師の雇用に関する統計は未整備であり，その全体像を把握することは難しい。しかし，上述の各組織の情報から，日本において，中国人看護師の受入れが着実に進んでおり，日本の看護師国家試験合格者数，そして医療施設における採用者数が増加する傾向にあることが捉えられよう。

3 中国人看護師が日本での就職を希望する理由

中国人看護師が日本での就職を希望する背景には，看護技能の蓄積のほか，賃金の上昇をはじめとする勤務環境の向上が挙げられる。第 3 節では，日本と中国における看護師の賃金に焦点を当て，中国人看護師の勤務条件と実態を観察しよう。

3.1 日中における看護師の賃金

はじめに，中国における看護師の賃金をみてみよう。

中国では看護師の賃金に関する統計データはないが，中国国家統計局が公表した『中国統計年鑑 2016』より 2015 年度都市部従業者年間平均賃金を業種別にみると，「衛生，社会工作」における平均賃金を観察することができる。これによると，「衛生，社会工作」の「非私営単位就業者」の年平均賃金が 71,624 元，「私営単位就業者」の場合は 40,558 元となり，就業者全体の平均賃金（順に 62,029 元，39,589 元）を上回っている。月平均に換算すると，それぞれ約 5,968.7 元（約 10 万円弱），3,379.8 元（約 6 万円弱）である [11]。

また，中国医薬専業人材求人ネットワークにおいて「看護師」で求人情報を検索すると（2017 年 6 月下旬の時点），提示されている賃金条件が月 3,000 元（約 5 万円弱）から 9,000 元（約 15 万円弱）までで，3,000 元から 6,000 元（約 10 万弱）という条件が約 7 割を占めている [12]。ただし，地域格差や職位の違いなどを理由として，上述の数値より変動する場合もあると考えられる。

■図表6-1　日本における看護師の給与水準　(2013年度)

(単位　円)

		平均値
高卒+3年課程 新卒看護師	基本給与額	197,689
	税込給与総額	262,074
大卒の 新卒看護師	基本給与額	204,683
	税込給与総額	270,201
勤続10年の看護師 (31～32歳，非管理職)	基本給与額	244,392
	税込給与総額	318,010

(出所) 日本看護協会「看護職の賃金水準データ (2013年版)」より一部抜粋

　なお，中国山東省の7つの病院に就業する看護師800人を対象に行った，韓 (2013) の調査によると，76.8％の看護師について，1か月あたりの賃金が2,000元以下であった[13]。ただし，この7つの病院で働く看護師10人に対して，2017年5月に著者が電話による再調査をした結果，現在の賃金は平均月3,000元 (約5万円弱) 程度であり，上述した人材求人条件や『中国統計年鑑2016』における「衛生，社会工作」の「非私営単位就業者」の賃金に近似するものであった。

　一方，日本における看護師の賃金について日本看護協会が発表した「看護職の賃金水準データ (2013年版)」によると，**図表6-1**に示されるように新卒看護師の平均基本給与額は，3年の看護師養成課程卒業者で19.8万円，大学卒業者で20.5万円となっている。さらに税込み給与総額になると，順に26.2万円，27.0万円となっており，中国における看護師賃金に比べて非常に高くなっていることが分かる。

3.2　中国人看護師が日本で働く際の賃金

　それでは，中国人看護師が日本の医療施設に就職すると，どのくらいの賃金が支払われているのだろうか。

　中国人看護師の受入れは，第2節で述べたようにNPO法人をはじめ民間主導で行われており，いずれのケースにおいても，中国人看護師は日本人看護師と同じ賃金が支払われると宣伝されている。例えば，中国有限会社Dのウェブサイトによれば，日本の看護師国家試験に合格し，日本の医療施設に就職すると，日本人看護師と同様に，1か月当たり25万円から30万円が支払われる

と公表されている。また，一般社団法人Cの担当者によれば，中国人看護師が就労ビザを取得するには，入国管理局に医療施設との雇用契約書及び日本人と同額である給与証明書を提出する必要がある。

実際に，京都にある2つの医療施設で働く中国人看護師11人に対し，著者が2012年7月から9月にかけて行ったアンケート調査によると，家賃を除いた月平均の手取り金額が15～19万円と回答する者が大半を占め，同施設で働く日本人看護師とほぼ同じ賃金が支払われていた[14]。また日本人看護師と同様に，ボーナスのほか，夜勤手当，超過勤務手当，通勤手当，住宅手当などが支払われ，社会保険の加入や有給休暇，病気休暇，さらには中国の実家に帰省するための「帰国休暇」の付与といった勤務条件も整えられていた。

以上から，中国人看護師の受入れは民間組織の主導の下，日本の入国管理局の管理を通じて，日本人看護師と同じ賃金が保証されながら進んでいるものと言える。

3.3 そのほかの勤務条件

賃金以外の勤務条件はどのような状況にあるだろうか。

3.1で取り上げた，中国山東省の7つの病院で働いている看護師に対する調査結果によると，有効回答の看護師550人のうち，7割強が交代制勤務で夜勤を担っている。そして，そのうちの9割強が，1か月の夜勤の回数は8回以内となっている。週平均労働時間数は「40時間以下」28.7％，「41～50時間」54.4％，「51～60時間」13.1％，「61～70時間」2.2％，「70時間以上」1.6％である。また有効回答の7割強の看護師が時間外労働を経験していて，月平均時間外労働時間数は，「5時間以下」50.6％，「6～10時間」35.2％，「11～20時間」10.1％，「21時間以上」4.0％となっている[15]。

それでは，日本でどのような勤務条件の下で働いているだろうか。中国人看護師に限定して勤務条件を観察できる統計資料は見当たらないため，3.2で取り上げた2012年のアンケート調査から，中国人看護師の日本における勤務形態および労働時間をみてみよう。

京都の2つの病院に勤務する中国人看護師は，日本人看護師と同様の看護業務を担当しており，有効回答者9人のうち，3交代制勤務をしているのが6人で，日勤のみとする者が3人であった。さらに夜勤があると答えたのが4人で，

月2回が2人, 5回が1人, 6回が1人であり, 日本看護協会の「看護職の夜勤・交代制勤務に関するガイドライン」における月8回以内という基準[16]をいずれも下回るものであった。

つぎに週平均労働時間数をみると,「40時間以下」2人,「41～50時間」5人,「51～60時間」1人,「61～70時間」1人であり, 7人が残業を行っていた。日本医療労働組合連合会が2014年に出した実態調査によると, 病院に勤務する看護師の約9割が残業を行っており, 月平均時間外労働時間数について「20時間以上」20.7％,「30時間以上」8.4％で,「50時間以上」と回答している者も1.7％いる[17]。一方, 上述した残業のある中国人看護師7人のうち, 月平均時間外労働時間数は,「5時間以下」2人,「6～10時間」2人,「11～20時間」2人,「31時間以上」1人となっている。「31時間以上」と答えた中国人看護師は, 9人中唯一調査時に看護業務フォロー中であった者であり, 教育・研修を受けることにより時間外労働が増えている可能性があると考えられる。残業に関しては, 中国人看護師が日本人看護師より短い傾向がみられる。

4 医療施設側・中国人看護師側の評価と共通課題

第3節で述べてきたように, 中国人看護師は, 日本の看護師免許を取得した後に就職した医療施設において, 日本人看護師とほぼ同じ水準の賃金で勤務を行っている。それでは医療施設側と中国人看護師側は, 職場での働きをそれぞれどのように評価しているだろうか。

4.1 医療施設側と中国人看護師側の評価

第3節で取り上げた京都にある2つの病院について, 各看護部長にもアンケート調査を行った結果[18], 病院側は, 中国人看護師の高い学習能力や積極的に仕事に取り組む態度を高く評価していた。さらに, 同僚である日本人看護師や医師, そして患者とその家族にも評判がよいことが分かった。

一方で, 両病院の看護部長から, 中国人看護師の日本語コミュニケーション能力が不十分で, 看護技能が低いなどの問題点も指摘された。しかし各看護部長は, 中国人看護師を受け入れてよかったとも回答し, 今後さらに人数を増やす予定であると, 中国人看護師の採用に前向きの姿勢を示した。特に京都の2つの病院のうちの1つは, 2011年から毎年中国人看護師を採用しており,

2016年にはさらに10名を採用していた。

　中国人看護師に視点を変えて，上述の京都にある2つの病院へのアンケート調査から職場に対する満足度をみると，仕事内容や教育・キャリア形成に対して満足を感じる人が6割となっている。しかし，賃金などの雇用条件や，患者および患者の家族との意思疎通に対する満足度は4割程度で低いものとなっている。さらには，約半数の中国人看護師が3年契約終了後，中国に帰国していることも分かっている[19]。ただし，3年という契約期間が終了しても日本での就職を続けている中国人看護師が90％であり，40％が同じ病院で勤務を継続していると報告している法人もある[20]。

　以上のように，中国人看護師にとって日本での就職はやりがいのある仕事に携わる機会になっていることが窺える。その一方で，患者やその家族との意思疎通の問題が認められ，この点は日本語のコミュニケーション能力の不十分さという医療施設側の指摘に通ずるところである。さらに医療施設側からは，中国人看護師の看護技能についても問題点として挙げられている。

4.2　中国人看護師の日本語能力と看護の技能

　中国人看護師はほかの外国人より漢字になじみがあり，専門用語の習得が早く，看護師国家試験の合格率も高い[21]。しかし，石原（2012）によれば，日本語に関しては，薬の名称を覚えること，そして医師や他の看護師らの指示を聞き取り理解すること，語彙量やアクセントなど自分の考えを思うように表現することについて就職年数と関係なく，全く問題なしと答えた者がいなかった。また相手の話し方（方言，不明瞭な発話，早口，言葉の縮約など）に多くの中国人看護師はすぐに反応できず，容易には慣れないところがあった。ナースコールに対しても，就職後1年未満の中国人看護師の90％が不安を持ち，1年以上働いても50％以上の者が不安を感じていること，看護記録については就職後に経験を積んでも，カタカナの表記をはじめ記録内容に不備があることを指摘された者が70％程度に上ることも分かった[22]。さらに，中国人看護師の日本語コミュニケーション能力や意思疎通能力が不十分な点に加えて，看護理論や技術の習熟度が低い点，看護記録作成の達成度が低い点があることが韓（2013）で指摘されている[23]。

　このような技能の問題の背景には，看護教育の日中間の違いがあると考えら

れる。中国では，看護教育内容として，「人間関係，コミュニケーション，看護の礼儀などの科目が不足し，職業病，労働衛生，老年看護，地域看護，精神看護，終末看護など専門的科目が少なく，心理知識や健康促進，健康教育知識も乏しい」[24]のが現状である。中国人看護師は来日後に看護の再教育を受けているが，看護師資格試験に合格することを目標とするもので，中国における看護教育の不足を補うものにはなっていないのである。

5 おわりに：中国人看護師の受入れの課題

　中国人看護師の受入れは，日本人看護師と同等の勤務条件が整えられる中で，NPO法人等民間組織の主導のもと着実に進んでいる。一方で，中国人看護師は，日本の看護師国家試験に合格しているとはいえ，EPAに基づく外国人看護師候補者には整えられている事前の看護・介護導入研修や，日本で唯一の受入れ調整機関である「公益社団法人国際厚生事業団」による職場への巡回指導を受けることなく，民間組織や勤務先の医療・介護施設に教育・研修が任せられたまま，看護業務に従事している現状がある。

　2015年度現在，日本では1,595,633人の看護職員が就業し，「第七次看護職員需給見通し」の2015年の需要見通し（実人員）1,650,200人（助産師を除く）より54,567人少なくなっている[25]。夜勤・時間外労働の制限，有給休暇の保証，多様な勤務形態の導入など，さまざまな看護職員確保政策（例えば厚生労働省の「看護職員確保対策特別事業」（2005年），「短時間正規雇用等看護職員の多様な勤務形態導入支援事業」（2007年）等による）が政府により提言，実施されているが，常勤看護職員の離職率は2007年の12％強から2012年の11％程度への低下に留まっている[26]。

　仮に看護職員の不足する医療施設や介護施設が，中国人看護師の雇用にその解決策を求めようとするとき，不十分な意思疎通能力や看護技能の成熟度の低さといった問題を抱えたまま，患者や施設利用者に看護が提供されることが本章の分析から予測される。医療，そして看護サービスには「情報の非対称性」があり，サービスを消費する側は，自身がいかなるサービスを消費すれば良いのか十分には分からない。意思疎通能力や看護の技能が不十分なために医療・看護サービスの質が担保されていないとしても，自身の心身回復への影響など

患者は分からずに，そのようなサービスを提供する医療・介護施設を選択する可能性もある[27]。一般のサービスとは異なり，消費者側による適切なサービス選択が難しいことから，日本の看護師国家資格を取得して就業する中国人看護師に対しても，適切な看護サービスを提供できるだけの技能を確保する教育・研修の仕組みを，政府が講じる必要があるのではないだろうか。

本章は，統計データの不足から，受入れ組織のウェブサイトや各種先行研究・分析より，中国人看護師の国家試験受験状況や勤務条件といった受入れと雇用の実態を分析したが，その全体像をつかみきれているとはいいがたい。今後，EPAを介さずに日本の医療施設等で就業する中国人看護師はじめ，外国人看護師の人数を把握し，受入れと雇用の全体像を明らかにしていくことが課題として残されている。さらに，現在は中国国内においても医療人材の不足問題が表面化しており，送り出し国である中国における看護師の労働市場の動向についても分析を進める必要がある。

（本論文は「曲阜師範大学研究起動基金」の助成により多くを執筆している。）

（韓　慧，角田由佳）

注

1　各数値は，厚生労働省「経済連携協定（EPA）に基づく外国人看護師・介護福祉士候補者の受入れ概要」（厚生労働省H.P.：2017年8月25日閲覧）より抜粋，あるいは算出した。当初の予定では，国内労働市場への影響を考慮するとして，受入れ最大候補者数が各国200人／年であった。
2　数値は朝日新聞「中国人看護師が急増」（2013年5月21日付朝刊）より抜粋した。
3　宣（2007）pp.17-19，日本経済新聞「医療資格持つ外国人，就労年数の制限撤廃　法務省」（2010年11月30日付　Web刊）を参照されたい。
4　以上，2005年から2013年までに来日した中国人看護師数，ならびに合格率の推計結果は，韓（2013）p.79による。
5　以下，本論におけるNPO法人等各組織の活動概要，各数値は，特に記載のない限りつぎの各法人等H.P.の公表内容を参考にしている。
- NPO法人AのH.P.（http：//www.fuso-ima.jp/katudo.html，2017年6月25日閲覧）
- NPO法人BのH.P.（http：//www.npo-kki.org/purpose.html，2017年6月25日閲覧）
- 一般社団法人CのH.P.（http：//www.jinea.or.jp/，2017年6月26日閲覧）
- 中国有限会社DのH.P.（http：//www.furihushi.com/，2017年6月26日閲覧）
- 一般社団法人EのH.P.（http：//iryojinzai.or.jp/，2017年6月26日閲覧）

6　2013年までの数値は，韓（2013）p.70より抜粋した。

7　一般社団法人Cの中国人看護師受入れ事業担当者に対し，中国人看護師受入れの現状に関する設問調査を，2017年6月中旬に著者がメールで実施した結果に基づいている。
8　日本語能力試験は，日本語を母語としない人の日本語能力を測定し認定する試験であり，N1〜N5の5つのレベルがある。N1が幅広い場面で使われる日本語を理解することを要求する最も難しいレベルであり，N2も同様に日本語にある程度の理解が要求される（国際交流基金・日本国際教育協会「日本語能力試験」(http://www.jlpt.jp/about/levelsummary.html，2017年6月25日閲覧)。
9　2013年までの各数値は，韓（2013）p.70による。
10　日本経済新聞「中国人看護師を大量採用」(2015年12月16日付朝刊) を参考にした。
11　中国国家統計局『中国統計年鑑2016』(http://www.stats.gov.cn/tjsj/ndsj/2016/indexch.htm, 2017年6月28日閲覧) より，各年平均賃金を抜粋した。なお，本論における円換算数値は全て，2017年6月下旬の為替相場（1元＝16.3543円）を用いている。
12　医薬専業人材招聘ネットワークH.P. (http://www.healthr.com/so/kj护士-14-sf8000-st10000-sn1.html, 2017年6月下旬の検索結果) による。
13　本調査の回収率は93.8％，有効回答率は68.8％となっている（韓，2013，p.125）。
14　調査対象となる2つの地域総合病院はそれぞれ2010年，2011年から，NPO組織を通して中国人看護師の受入れに取り組んでいる（韓，2013，p.89）。アンケート有効回答者9人のうち女性8人，男性1人，学歴は本科（日本の大学教育に相当する）4人，専科（日本の短大教育に相当する）5人，就職年は2011年4人，2012年5人である。このうち，8人が月平均の手取り金額15〜19万円，1人が20〜24万円と回答している。
15　各数値は，韓（2013）p.127より抜粋した。
16　日本看護協会（2013b）pp.34-35, pp.41-42を参照されたい。
17　各数値は，日本医療労働組合連合会（2014）p.22より抜粋した。
18　アンケート調査のほか，2012年8月に調査病院の1つに勤務する看護部長へのヒアリング調査を行い，さらに2016年，同病院の看護部人材センター担当者に中国人看護師採用の現況をメールで問い合わせている。第3節と同様，第4節で取り上げる京都の2つの病院の調査結果については，韓（2013）に基づいている。
19　著者が2016年に当病院の看護担当者に数回にわたりメールで質問したところ，回答したものである。約半数の中国人看護師が帰国したが，中国に帰国後やはり日本で働きたいと再来日予定とする人も出ているという。
20　一般社団法人Cの中国人看護師受入れ事業担当者に対し，著者が2017年6月中旬にメールで行った，中国人看護師受入れの現状に関する設問調査の結果である。
21　日本経済新聞「中国人看護師を大量採用」(2015年12月16日付朝刊)，ならびに韓（2013）pp.68-79を参考にした。
22　以上，石原（2012）pp.73-76を参考にした。
23　韓（2013）p.83を参考にした。

24 関・劉（2011）p.172 を抜粋した。
25 2015 年度現在の看護職員就業者（看護師，准看護師，保健師）数は日本看護協会（2017）pp.4-5，pp.8-11 から，看護職員の需要見通し（実人員）は，厚生労働省（2014a）p.8 より抜粋した。
26 厚生労働省（2014b）p.17 より抜粋した。
27 医療・看護サービスのもつ「情報の非対称性」については，角田（2007）および角田（2011）を参照されたい。

引用・参考文献

朝日新聞「中国人看護師が急増」2013 年 5 月 21 日付朝刊
朝日新聞「人手奪い合い日本加熱」2013 年 5 月 21 日付朝刊
朝日新聞（2007）「新戦略を求めて 第 3 章 グローバル化と日本 人材の確保，外国から 受け入れ政策，長期的視野で」
　（http://www.asahi.com/strategy/0829a.html，2017 年 8 月 2 日閲覧）
石原美知子（2012）「日本の医療現場における中国人看護師とコミュニケーション：病院赴任直後の言葉の問題を中心に」『コミュニケーション科学』2012(36)，pp.67-81
一般社団法人外国人看護師・介護福祉士支援協議会（2011）「第 3 回実態調査 EPA に基づく看護師・介護福祉士候補者調査」
　（http://www.bimaconc.jp/jittaichosa_2011_sisetsushukei.html#news098，2017 年 7 月 30 日閲覧）
河原諭（2010）「経済連携協定に基づく外国人看護師候補者の受入れについて」『看護』62(12)，pp.68-71
韓慧（2013）『日本における看護師不足と中国人看護師受け入れの実態と展望』山口大学大学院東アジア研究科博士論文
関持循・劉堃（2011）「我国高等院校本科護理学課程設置的現状分析」『当代護士』2011(3)，pp.171-172
公益社団国際厚生事業団（2016）「平成 29 年度版 EPA に基づく外国人看護師・介護福祉士受け入れパンフレット」公益社団法人 国際厚生事業団
厚生労働省「看護師国家試験受験資格認定について」
　（http://www.mhlw.go.jp/stf/seisakunitsuite/bunya/0000112866.html，2017 年 6 月 25 日閲覧）
厚生労働省（2011）「看護職員就業状況等実態調査結果」
厚生労働省（2014a）「第七次看護職員需給見通しについて」（第 1 回 看護職員需給見通しに関する検討会（資料 4-1））
厚生労働省（2014b）「看護職員の現状と推移」（第 1 回 看護職員需給見通しに関する検討会（資料 3-1））
国際交流基金と日本国際教育支援協会「日本語能力試験」
　（http://www.jlpt.jp/about/levelsummary.html，2017 年 6 月 25 日閲覧）
宣元錫（2007）「経済連携協定（EPA）と外国人ケア・ワーカーの受け入れ」情報化・

サービス化と外国人労働者に関する研究 Discussion Paper　No.6, 一橋大学大学院社会学研究科・総合政策研究室

中国国家統計局（2016）『中国統計年鑑2016』
（http：//www.stats.gov.cn/tjsj/ndsj/2016/indexch.htm, 2017年6月28日閲覧）

角田由佳（2007）『看護師の働き方を経済学から読み解く：看護のポリティカル・エコノミー』医学書院

角田由佳（2011）「看護サービスの特殊性と政策介入の必要性」『山口経済学雑誌』60(4)，pp.341-355

日本医療労働組合連合会（2014）『看護職員の労働実態調査「報告書」』

日本看護協会（2013a）「看護職の賃金水準データ」(2013年版)
（http：//www.nurse.or.jp/nursing/shuroanzen/chingin/data/suijyun.html#fig01, 2017年7月25日閲覧）

日本看護協会（2013b）「2014年度「看護職の夜勤・交代制勤務ガイドライン」の普及等に関する実態調査」
（http：//www.nurse.or.jp/nursing/shuroanzen/yakinkotai/guideline/index.html, 2017年8月20日閲覧）

日本看護協会（2017）『平成28年　看護関係統計資料集』日本看護協会出版会

日本経済新聞「医療資格持つ外国人，就労年数の制限撤廃　法務省」2010年11月30日付 Web刊
（http：//www.nikkei.com/article/DGXNASDG3000G_Q0A131C1CR0000/, 2017年6月30日閲覧）

日本経済新聞「中国人看護師を大量採用」2015年12月16日付朝刊

卜雁（2016）「日本医療機関における中国人看護師のコミュニケーション適応性：日・中語会話スタイル相違の視点より」2016年日本語教育国際研究大会ポスター発表

平野裕子（2010）「二国間経済連携協定に基づく外国人看護師の導入：看護師の国際移動と日本における現実」『保健医療社会学論集』21(2), pp.12-29

第II部

医療経営

第7章

公立病院における組織形態・内部環境・マネジメント手法と財務業績・非財務業績との関連性：規模に基づく分析

1 はじめに：公立病院の持続可能性

　病院の持続可能性が話題にされて久しいが，その中でも公立病院の持続可能性について議論されることが多い。それはここ最近のデータから，公立病院の財務指標が他の病院種類のものと比較して悪いという理由からである[1]。

　本章は，公立病院における組織形態・内部環境・マネジメント手法と財務業績・非財務業績との関連性を明らかにしようとしている。その目的は，どのような要因が病院の財務業績および非財務業績に対して影響を及ぼしているかを明らかにすることである。そのためにまず，組織形態としては経営管理組織を対象にしているが，この組織が事務職員のみで構成されているか否か，そして医師と事務系職員で構成されているか否かに区分し（2つの要因），それぞれが医業費用収益率，在院日数，および病床稼働率に対してどのように影響を及ぼしているかを分析する。次に，内部環境としては，コンサルタントの利用の有無，電子カルテの導入の有無，看護配置7対1の採用の有無，DPC（Diagnosis Procedure Combination）の採用の有無（4つの要因）が，それぞれ医業費用収益率，在院日数，および病床稼働率に対してどのように影響を及ぼしているかを分析する。最後に，マネジメント手法として，バランスト・スコアカード（以下，BSCと表記する）の採用の有無，および原価計算の採用の有無（2つの要因）が，それぞれ医業費用収益率，在院日数，および病床稼働率に対してどのように影響を及ぼしているかを分析する[2]。

　次に，財務業績指標である医業費用収益率と非財務業績指標である在院日

数・病床稼働率との相関関係，および在院日数と病床稼働率の関係についても分析する。（以上，「2　病院の種類別・規模別データを利用した分析」）

「3　各要因の影響度の評価」では，「2　病院の種類別・規模別データを利用した分析」の中で上述の8つの要因についてそれらを採用しているケースと採用していないケースに分けて医業費用収益率・在院日数・病床稼働率についてのデータが示されているので，それらを利用して8つの要因の中のどの要因がより影響力を持っているかを明らかにする。

最後に「4　おわりに」では，簡単なまとめをし，さらに今後の課題について記述し，本章を終える。

2　病院の種類別・規模別データを利用した分析[3]

ここでは，8つの要因が医業費用収益率，在院日数，および病床稼働率に対してどのように影響を及ぼしているかを分析する。次に，財務業績指標である医業費用収益率と非財務業績指標である在院日数・病床稼働率との相関関係，および在院日数と病床稼働率の関係についても分析する。

2.1　医業費用収益率に対する影響要因

図表7-1は，8つの要因が医業費用収益率に対してどのように影響を及ぼしているかを表記したものである。例えば，「コンサルタント」という要因について，市町村立大規模病院の箇所では，採用の際には94.75％そして非採用の際には87.51％と表記されている。同じ要因でも市町村立中規模病院の場合には，採用の際に83.75％そして非採用の際に91.27％になっている。この例から，前者の場合には「コンサルタント」という要因に関して，採用した際の医業費用収益率が高くなっているのに対して，一方後者の場合には，採用した際の医業費用収益率が低くなっているので，結果としてこの要因は前者では影響力のある要因であり，他方後者の際にはこの要因は影響力のある要因でなかったと判断する。

図表7-1は，8つの要因（事務職員のみの経営管理組織，医師と事務職員の経営管理組織，コンサルタント，電子カルテ，DPC，BSC，及び原価計算）の採否と医業費用収益率との関係を病院種類別・規模別に表示したものである。病院種類別・規模別に8つの要因を採用した場合と非採用の場合の数値を比較すると，

■図表7-1　医業費用収益率との関係

(単位：％)

病院種類	市町村立病院						都道府県立病院						組合立病院		独立行政法人	
規模	大規模		中規模		小規模		大規模		中規模		小規模		全ての病院		全ての病院	
採用・非採用 要因	採用	非採用	採用	非採用	採用	非採用	採用	非採用	採用	非採用	採用	非採用	採用	非採用	採用	非採用
事務職員のみの管理組織	99.10	92.52	89.68	89.07	77.40	81.10	96.30	75.55	77.95	72.86	43.35	71.76	90.80	90.16	80.62	90.38
医師と事務職員の管理組織	94.24	96.42	91.22	87.56	80.07	80.54	83.94	96.30	80.80	75.96	74.08	60.85	93.79	86.33	90.38	80.62
コンサルタント	94.75	87.51	83.75	91.27	81.21	77.06	93.70	71.66	79.03	72.99	/	51.73	90.44	70.86	91.83	80.98
電子カルテ	94.61	95.20	89.64	87.08	81.70	78.90	86.19	/	78.91	77.71	63.13	65.56	92.96	81.55	81.58	103.30
看護配置7対1	92.31	96.45	92.52	87.93	90.90	80.06	89.34	54.70	78.34	79.13	/	64.66	94.98	87.71	86.38	76.44
DPC	94.46	77.16	92.52	87.93	90.90	80.06	89.34	54.70	78.34	79.13	64.66	64.66	94.98	87.71	87.91	76.40
BSC	95.73	91.94	94.36	90.12	82.53	82.24	85.03	86.63	79.58	78.38	68.05	63.53	96.49	89.45	91.40	81.71
原価計算	95.95	94.95	91.20	89.13	82.60	77.11	/	86.19	80.00	78.60	/	64.66	92.63	89.55	84.73	82.40

BSC，コンサルタント，DPC，及び原価計算の項目において採用のケースの方が非採用のケースよりも医業費用収益率の平均値が高くなっている箇所が多い。ただし，採用時の平均値が高い場合でも，非採用時の平均値との差異が大きいケースと小さいケースが見られる。このような状況をどのように考えるかは，「3　各要因の影響度の評価」において1つの試論を試みている。

■図表7-2　医業費用収益率の平均値，分散，標準偏差

	市町村立病院			都道府県立病院			組合立病院	独立行政法人
	大規模	中規模	小規模	大規模	中規模	小規模		
平均値	94.63	89.20	80.31	86.19	78.68	64.66	90.20	82.79
分散	38.58	104.21	193.34	168.28	58.30	435.05	74.59	179.09
標準偏差	6.21	10.21	13.90	12.97	7.64	20.86	8.64	13.38

図表7-2は医業費用収益率の平均値，分散，標準偏差を病院種類別・規模別に表示している。組合立病院と独立行政法人病院は規模別に集計するほど件数が多くないので，規模別に表示されていない。したがって，市町村立病院と都道府県立病院のみについてであるが，明らかに平均値に関して規模の大きい病院ほどその数値が大きくなっていることが分かる。標準偏差に関しては，各病院種類の規模の大きい病院ほど値が小さい傾向がある（都道府県立中規模病院の標準偏差はこの病院種類の中では一番小さいという例外を示している）。

2.2　在院日数に対する影響要因

一般的に在院日数は短いほど良いとされる。それは通常，在院日数が短いほど1日あたり平均入院単価が高くなるからである。したがって，**図表7-3**において各要因が「影響力がある」と判断されるのは，採用の際の在院日数が非採用の際のそれよりも短くなっているケースである。

図表7-4から以下のことが分かる。在院日数の平均値は，①一般病床においては規模の大きいほど小さいこと，②精神病床においては必ずしもそのような関係は見いだせないことである。また，標準偏差の値からは，③一般病床においては規模の大きい病院ほど標準偏差が小さいこと，そして④精神病床においては必ずしもそのような関係が見いだせないことが読み取れる。

■図表7-3 在院日数との関係

(単位：日数)

病院種類	市町村立病院						都道府県立病院						組合立病院		独立行政法人	
規模	大規模		中規模		小規模		大規模		中規模		小規模		全ての病院		全ての病院	
要因 採用・非採用	採用	非採用	採用	非採用	採用	非採用	採用	非採用	採用	非採用	採用	非採用	採用	非採用	採用	非採用
事務職員のみの管理組織		12.58	21.40	17.47	23.41	22.55	11.50	12.41	11.17	14.04	37.95	35.37	14.90	17.23	14.65	15.68
医師と事務職員の管理組織	12.16	12.20	16.26	19.82	20.77	24.44	12.41	11.50	14.55	11.70	38.38	32.46	17.76	16.05	15.68	14.65
コンサルタント	12.42	12.71	15.89	18.93	21.99	22.84	11.55	12.64	12.27	13.63		35.98	14.00	18.19	13.17	15.37
電子カルテ	12.59	12.00	18.30	17.40	19.46	26.17	12.25		12.64	19.40	41.80	32.46	16.86	17.28	14.56	20.00
看護配置7対1	12.42	14.83	14.41	19.67	13.45	22.97	12.33	11.40	12.32	17.45		35.98	13.73	19.22	13.77	18.10
DPC	11.81		17.17	19.17	15.66	23.19	12.33	11.40	13.09	13.70		35.98	14.43	19.80	13.55	17.68
BSC	13.79	12.32	15.11	18.54	18.95	22.83	12.80	12.03	12.78	11.84	18.70	41.73	11.90	17.63	11.60	15.43
原価計算	12.01	12.85	18.80	18.15	19.80	22.77	11.80	12.25	11.80	13.40		35.98	15.68	17.35	11.83	15.70

■図表 7-4 在院日数の平均値, 分散, 標準偏差

(単位：日数)

		市町村立病院			都道府県立病院			組合立病院	独立行政法人
		大規模	中規模	小規模	大規模	中規模	小規模		
平均値	一般病床	12.58	18.17	23.01	12.25	13.25	35.98	16.96	14.93
	精神病床	72.44	42.86		90.8	151.60		141.9	117.44
分散	一般病床	3.16	64.24	141.24	2.64	11.35	444.74	32.26	7.74
	精神病床	1,089.61	1,265.55		8,295.85	3,622.14		4,872.51	5,801.78
標準偏差	一般病床	1.78	8.01	11.88	1.62	3.37	21.09	5.68	2.78
	精神病床	33.01	35.57		91.08	60.18		69.80	76.17

2.3 病床稼働率に対する影響要因

病床稼働率とは，病院の持っているキャパシティ（ベッド数×365日）に対する延入院患者数の比率を表している。最大キャパシティの中利用されない部分が大きいと病床稼働率は低くなる。したがって，病床稼働率は経営的には高いほど良いということになる。図表 7-5 では，各要因が採用される際の比率が，非採用の際の比率よりも高い場合に，その要因が病床稼働率へ影響力のあることを意味している。

この図表 7-6 から次のことが分かる。すなわち，病床稼働率は，①一般病床においては規模の大きいほどその平均値が大きいこと，そして②精神病床においてはそのような関係は見ることができず，むしろ逆の関係がうかがえることである。標準偏差の観点からこの表を見ると，③一般病床においては規模の大きいほど標準偏差が小さいこと，そして④精神病床においては必ずしもそのような関係を見いだせないことである。

2.4 相関関係

図表 7-7 からは正の相関も負の相関もそれほど大きくないことが分かる。一番大きいものでも都道府県立中規模病院（0.345）であるが，やや正の相関がある程度である。それに対して，全体的に負の相関関係がやや支配的であるが，しかし，都道府県立大規模病院（-0.435）においてかなり負の相関が認められ

■図表7-5　病床稼働率との関係

(単位：％)

病院種類	市町村立病院						都道府県立病院						組合立病院		独立行政法人	
	大規模		中規模		小規模		大規模		中規模		小規模		全ての病院		全ての病院	
要因	採用	非採用	採用	非採用	採用	非採用	採用	非採用	採用	非採用	採用	非採用	採用	非採用	採用	非採用
事務職員のみの管理組織	／	79.21	74.87	72.93	67.79	72.79	78.90	82.22	67.73	70.41	59.35	68.21	80.83	74.15	77.60	76.83
医師と事務職員の管理組織	79.35	78.51	78.64	69.02	75.82	68.11	82.22	78.90	73.12	65.56	75.94	62.02	78.88	71.64	76.83	77.60
コンサルタント	80.18	78.39	62.46	77.47	70.44	72.00	84.53	80.76	66.53	70.86	／	68.21	75.13	75.33	85.93	75.04
電子カルテ	79.30	74.90	74.26	67.55	73.59	70.11	81.89	／	70.79	58.60	75.94	62.02	79.34	61.00	76.90	83.60
看護配置7対1	78.96	81.83	75.86	72.37	82.05	71.57	82.39	77.40	71.83	60.00	／	68.21	84.29	69.52	88.02	70.00
DPC	79.21	／	75.30	71.22	85.34	71.14	82.39	77.40	72.46	62.27	／	68.21	82.74	67.78	72.93	70.80
BSC	78.38	79.41	61.70	74.67	73.03	73.62	82.00	81.84	63.97	71.83	73.85	66.59	83.40	74.24	82.90	76.95
原価計算	76.86	80.46	78.80	73.14	78.40	71.75	／	81.89	75.00	69.15	／	68.21	80.10	73.88	87.40	75.71

第7章 公立病院における組織形態・内部環境・マネジメント手法と財務業績・非財務業績との関連性：規模に基づく分析

■図表7-6 病床稼働率の平均値，分散，標準偏差

(単位：率)

		市町村立病院			都道府県立病院			組合立病院	独立行政法人
		大規模	中規模	小規模	大規模	中規模	小規模		
平均値	一般病床	79.21	73.33	71.83	81.89	69.68	68.21	75.26	77.38
	精神病床	59.89	60.70	/	71.90	80.77	/	47.53	82.70
分散	一般病床	111.45	231.06	288.75	15.48	86.58	421.09	140.81	90.14
	精神病床	560.98	242.00	/	7.22	105.56	/	1,166.92	29.24
標準偏差	一般病床	10.56	15.20	16.99	3.93	9.30	20.52	11.87	9.49
	精神病床	23.69	15.56	/	2.69	10.27	/	34.16	5.41

■図表7-7 医業費用収益率と在院日数との相関関係（相関係数）

市町村立病院			都道府県立病院			組合立病院	独立行政法人
大規模	中規模	小規模	大規模	中規模	小規模		
−0.11087	0.08536	−0.33762	−0.43453	0.34458	0.11190	−0.28776	−0.17674

る程度であり，それ以外では市町村立小規模病院（−0.338）や組合立病院（−0.288）においてやや負の相関が認められる程度である。このように顕著ではないが，全体的に弱い負の相関関係がみられるということは，在院日数の短い病院ほど医業費用収益率が高いということを意味しており，一般的な理解から判断しても妥当な結果であると判断する。

■図表7-8 医業費用収益率と病床稼働率との相関関係（相関係数）

市町村立病院			都道府県立病院			組合立病院	独立行政法人
大規模	中規模	小規模	大規模	中規模	小規模		
0.46422	0.74308	0.4005	0.19819	0.18850	0.71089	0.580766	0.88876

図表7-8からは全体的に正の相関関係が認められる。独立行政法人病院（0.889），市町村立中規模病院（0.743），都道府県立小規模病院（0.711）においては強い正の相関が認められる。そして，組合立病院（0.581），市町村立大規

模病院（0.464），市町村立小規模病院（0.401）においてはかなり正の相関が認められる。このような正の相関関係が認められるということは，病床稼働率が高いほど医業費用収益率が高いということを意味しており，一般的な理解から判断しても妥当な結果であると判断する。

■図表7-9　在院日数と病床稼働率との相関関係（相関係数）

市町村立病院			都道府県立病院			組合立病院	独立行政法人
大規模	中規模	小規模	大規模	中規模	小規模		
−0.1654	0.3249	0.0151	−0.5384	−0.2575	0.5075	−0.0833	−0.7626

図表7-9からは一貫した傾向は認められない。すなわち，独立行政法人病院（−0.763）においては強い負の相関が，そして都道府県立大規模病院（−0.538）においてはかなり負の相関が認められる。これに対して，都道府県立小規模病院（0.508）ではかなり正の相関が認められ，そして市町村立中規模病院（0.325）においてはやや正の相関が認められる。

3　各要因の影響度の評価

ここでは，「2　病院の種類別・規模別データを利用した分析」で実施した医業費用収益率，在院日数，および病床稼働率に対する影響要因（組織種類別・規模別）分析に基づいて，各指標に対してどの要因がより影響力を有するかを評価するための表を作成している[4]。

図表7-10は，すでに提示した図表7-1，図表7-3，そして図表7-5をベースにして作成している。図表7-10の読み方は次のようである。規模別分析の「費用収益率への影響」の「順位」を見ると，1位，2位，3位の順番で「DPC」，「コンサルタント」，「看護配置7対1」という要因である。もちろん順位の高いほど影響力のある要因ということになる。この表の全体を各要因別に見渡すと，全体的に圧倒的に大きい影響要因は「看護配置7対1」と「DPC」である。逆に，「事務職員のみの管理組織」と「原価計算」は影響力が弱いことが分かる[5]。

■図表7-10　8つの要因別の影響力および影響力の順位

要因	規模別の分析					
	費用収益率への影響		在院日数への影響		病床稼働率への影響	
	点数	順位	点数	順位	点数	順位
事務職員のみの管理組織	11	(6)	6	(7)	4	(8)
医師と事務職員の管理組織	12	(4)	5	(8)	16	(3)
コンサルタント	19	(2)	11	(5)	5	(7)
電子カルテ	6	(8)	12	(4)	18	(2)
看護配置7対1	15	(3)	19	(1)	19	(1)
DPC	20	(1)	13	(3)	16	(3)
BSC	12	(4)	16	(2)	8	(6)
原価計算	7	(7)	8	(6)	12	(5)

4　おわりに：まとめと限界および今後の予定

　本章の締めくくりとして，今回の研究のまとめとその限界及び今後の予定について述べておく。

4.1　まとめと限界

　本章では公立病院における組織形態・内部環境・マネジメント手法と財務業績・非財務業績の関係を明らかにするために，病院の種類別・規模別データを利用して，8つに区別した要因が財務業績・非財務業績に影響を及ぼすかどうかを明らかにした（「2　病院の種類別・規模別データを利用した分析」）。なお，病院の規模については次のような区分をしている。20床以上150床未満を小規模病院，150床以上300床未満を中規模病院，そして300床以上を大規模病院と呼んでいる。

　財務業績としては医業費用収益率，そして非財務業績としては在院日数と病床稼働率を利用した。

　マネジメント手法としては，バランスト・スコアカード，原価計算を考慮した。

　また，病院の経営についてファンダメンタルとなっている経営管理組織，並

びにコンサルタント,電子カルテ,看護配置7対1の取得,及びDPC(これらは病院にとっての内部環境として捉えている)についても財務業績指標・非財務業績指標に影響を及ぼす要因として考慮している。

このような分析をベースにして「3 各要因の影響度の評価」においては,8つの要因の中どの要因がより大きく3種類の業績に影響を及ぼしているかを示すことができた。このことによって,どのような条件を整えている病院(どのような種類と規模で,どのような内部環境を整え,そしてどのようなマネジメント手法を利用している病院)が,より良好な財務業績・非財務業績を示しているかを明らかにすることができた。

医業費用収益率,在院日数,および病床稼働率間の相関については,該当箇所において指摘しておいたので,ここでは特に繰り返さない。

ただし,本研究には2つの限界があると考えている。1つめは,収集しているデータの数に依存する限界である。特に独立行政法人病院と組合立病院の総数が18・20と過少であり,これらの病院では規模別分析のためにはデータ数が少なすぎたので規模別区分ができなかった。2つめは,「3 各要因の影響度の評価」において8つの要因が医業費用収益率,在院日数,そして病床稼働率に対してどの程度の影響力があるかを図表7-10において示しているが,このときの点数化の方法についてはある意味で独善的なものだと考える。別の点数化の方法が採用されると,別の点数が算出される可能性がある。

4.2 今後の予定

今回は紙数の関係からできなかった分析がある。1つめは病院種類別・組織形態(経営形態)別分析を表記することができなかったことである。2つめは,8つの要因の中のどのような組み合わせの時に財務業績・非財務業績が大きくなるのかという分析である。

次に,今回の分析対象は公立病院に限定しているが,同じような分析方法を公立病院以外の病院にも適用したいと考えている(すでに平成29年6月から7月にかけて調査を終え,データを取得している)。

(中田範夫)

注

1　平成20年度には経常収支の赤字病院が公立病院の場合には70.3％であったが，平成25年度には53.6％となっており，改善の兆しが出ている。しかし，他の病院種類と比較すると赤字病院の割合は圧倒的に高い。『自治体病院経営ハンドブック第21次改定版【平成26年】』自治体病院経営研究会編，株式会社ぎょうせい，平成26年8月，p.87及び『自治体病院経営ハンドブック　第23次改定版【平成28年】』自治体病院経営研究会編，株式会社ぎょうせい，平成28年8月，p.85を参照した。
2　本章の分析のための基礎的資料は次の論文の中で紹介されている。中田範夫稿，「公立病院改革の現状分析－組織・内部環境・マネジメント手法の観点から－」『山口経済学雑誌』第65巻第6号，平成29年3月，pp.45-81。
3　以下では病院の種類別・規模別に分析が行われている。ただし，独立行政法人病院と組合立病院の場合には収集した件数が少ないので規模別に表記していない。

■図表7-11　病院種類・規模ごとの集計数

	市町村立病院			都道府県立病院			独立行政法人	組合立病院
	大規模	中規模	小規模	大規模	中規模	小規模		
小計	49	29	88	12	17	10	18	20
総計		166			39		18	20

（出所）中田範夫稿，「公立病院改革の現状分析－組織・内部環境・マネジメント手法の観点から－」『山口経済学雑誌』第65巻第6号，平成29年3月，p.46

4　8つの要因の3つの指標に対する影響度を測定するに際しては次のような方法を採用した。①たとえば，図表7-1について市町村立大規模病院の医業費用収益率に対して「コンサルタント」要因はそれを採用した場合には94.75％であるのに対して，非採用の場合には87.51％である。このような場合には「コンサルタント」要因は影響力のある要因と判断した。このような観点から，病院種類ごと・規模ごとに8つの要因についての平均的医業費用収益率を計算する。②次に非採用よりも採用の方がその比率が低い場合は，その要因は影響力がないものと判断した。このようなセルについてはこの段階で計算は終了する。採用の場合の方が非採用の場合よりも平均的医業費用収益率が高い場合には，その両者の差異を算出する。これを図表7-1全体のセルについて計算し，さらに，その差異を合計する。図表7-1の場合は差異の合計額が361.01である。すべてのセルの中，361.01を算出したセル数は44カ所なので，これで合計額を割ると8.20となる。これは各要因が採用された場合に非採用の場合よりも比率が高くなる場合の平均差異である。8.20を2で割ると4.10となる。③0以上4.1未満を1点，4.1以上8.20未満を2点，8.20以上12.3未満を3点，12.3以上16.4点未満を4点，そして16.4点以上を5点とする。この基準に従って，各セルの差異に点数を付ける。その点数を8つの要因について合計する。④そのようにして計算した点数を図表7-10の「点数」に記入している。また，その点数の多いものから順位を付けている。たとえば，規模別分析の「費用収益率への影響」の「点数」は「コンサルタント」要因が19点を示しているが，これは

順位2番目に影響力の大きいことを表している。
5　図表7-10における「点数」と「順位」については注4のような方法で作成した結果である。たとえば，図表7-1をベースにして8つの要因の影響をどのように評価するかに関しては色々な考え方があり，どのような考え方を採用するかによって各セルの点数が変動する可能性がある。したがって，図表7-10の「点数」と「順位」は1つの評価方法にとどまるものと考えている。

# 第8章

看護師の離退職要因：英語論文の文献レビュー

1 はじめに：研究の背景

　日本看護協会が実施した「2016年　病院看護実態調査」によると，2015年度の常勤看護職員の離職率は10.9％であり，11％前後を漂う過去5年間とほぼ変わらない。2000年代には12％後半を記録した年もあることを考慮すれば，現在は緩やかな減少傾向の途中といった前向きな解釈も可能かもしれない。また同組織による「平成28年　看護関係統計資料集」によれば，看護師（正・准看護師）の数は毎年3万人前後増加しており，堅調な推移を示している。

　しかし看護職員に対する需要も増加の傾向にある（厚生労働省，2011b）。先に見た「病院看護実態調査」によれば，看護職員の数について「不足感がある」「やや不足感がある」と答える病院が2016年の調査で75％を超えており，その需要超過は明らかである。その上，この先高齢化が進展することから，十分な医療・介護サービスの提供のために看護職員に対する需要はさらに増加する。厚生労働省（2011b）によれば，団塊の世代が後期高齢者に到達する2025年には，約200万人まで需要は増加する推計である。2015年現在，163万人の看護職員が存在するが（日本看護協会，2017b），年3万人という近年のペースで増加を続けてもこの需要を満たすことは困難である。この需給ギャップを埋める1つの方法は今以上に看護職員の離職率を減らすことであり，それは現在この国が抱える課題の1つである。

　このような背景から看護職員の離職に関する研究は非常に多く，とりわけ看護師に焦点を当てたものが多い。それらを整理し，今後の課題を示すことが本

章の目的である。近年の同様の文献研究として内野・島田（2015）を挙げることができるが，これは日本語の文献のみをレビューしている。これを補うため，本章は英語で書かれた論文のみを対象とする。

2 論文の選択

論文を選ぶ際に次の基準を用いた。①日本の看護師を対象としていること，②看護師の離退職に関連していること，③量的な実証研究であること，④英語論文であること。これら基準を満たす論文の検索のために PubMed を利用した。検索ワードは「Japan* AND nurse AND（retention OR turnover OR resign*）」とした。その結果 361 件の論文が見つかった（2017 年 7 月 21 日）。各論文が以上の条件を満たしているか，タイトルと概要を調べたところ 37 本が残った。そのうち 1 本は入手できなかったため，レビューの対象となったのは 36 の論文である。

本章の以下では，現在の勤務先の病院を辞めることを「退職」，職業を辞めることを「離職」と述べる。なおレビューしたほとんどの論文ではこの区別をせずに「intention to leave」やそれに類する表現を用いている。その場合，本章では全て「退職意思」という訳語をあてている。

3 レビューの結果

3.1 新人看護師

36 のうち 10 本の論文が新人看護師を対象としており，看護師としての経験年数に制限を課して質問票の回答者を選んでいる。Niitsuma et al.（2012）は経験年数が 1〜3 年の看護師を選んでいるが，それ以外の 9 本は経験年数 1 年以内の看護師を選んでいる。多くの関心を集めているテーマであるため，本項では新人看護師研究に焦点を絞って論じることとし，次項で経験年数に制限を課していない一般看護師の研究をレビューする。

日本看護協会が実施した「2016 年 病院看護実態調査」の結果速報によると，新卒看護職員の離職率は 2011 年に 8％ を下回り，それ以降 7％ 後半の水準を保っている。このように，離職率は以前と比べて低水準かもしれないが，新人看護師の離退職は以前と変わらず病院経営の上で重大な課題である。新人看護

師の離退職は単に人手の不足を生むだけでなく，看護ケアに必要な技術や知識，経験の蓄積を妨げる。これにより病院が供給するサービスの質も悪化してしまう。Kanai-Pak et al. (2008) によると，看護師経験が4年以下の看護師の割合が職場で増加すればケアの質が低下する（p. 3327）。それだけでなく，そのような職場で勤務する看護師のバーンアウト，職務不満足の可能性を高めてしまう。後で見るように，バーンアウトや職務不満足は離退職の可能性を高めることから，さらなる看護師の流出の原因となる。このような負の連鎖を止めるために，新人看護師の離退職は防がなくてはいけない。

それでは新人看護師の離職に関わる要因としてどのようなものが挙げられるのか。以下では(a)基本属性，(b)仕事の性質，(c)仕事環境，(d)能力と性格，(e)労働条件，(f)結果変数に分けて説明する。この分類は説明をする上での便宜的なものであり，厳密なものではない点に注意しなくてはいけない。

(a) 基本属性

新人看護師の年齢や性別は退職・離職に対して有意な差をもたらさないか，その影響はさほど大きくない。

基本属性の中で特筆すべきなのが学歴である。例えばSuzuki et al. (2006) が対象とした大学病院では，看護学校卒業者は大学卒業者と比べて就職初年度の6月〜12月間の退職のリスクが6倍であった。例外も存在する（Takase et al., 2012）が，同様の関係を示す研究は多い（例えばSuzuki et al., 2008；Niitsuma et al., 2012など）。Tei-Tominaga and Miki (2010) が行った重回帰分析の中では，社会化に関する変数を説明変数に追加したところ，この学歴効果は小さくなる上に有意でなくなる。このことから，病院に適応していく社会化の過程の中で学歴による違いが生じていることが推測される。

(b) 仕事の性質

新人看護師の配属は退職・離職に対して重要な要因であることが明らかにされている。Suzuki et al. (2006) は配属に対する不満足は早期退職のリスクを3.4倍高めることを示しており，Niitsuma et al. (2012) も同様の結果を示している。Tei-Tominaga and Miki (2011) では，この効果が有意ではなかったが，それは病院に対する愛着や仕事に対する適性の感覚を説明変数に入れてコントロールしているためかもしれない（p. 41）。これより，希望が叶えられた新人

看護師は，病院に対する愛着を感じたり，与えられた仕事は自分に合うと感じることが多く，これらの感情が退職意思を和らげるという関係が推測される。

量的であったとしても質的であったとしても，仕事上の要求が高ければ離職の可能性は高まりそうである。量的な要求に関して，「週56時間以上の労働」(Tei-Tominaga et al., 2009)，「週51時間以上の労働」(Tei-Tominaga, 2013)，「量的要求（コペンハーゲン心理社会調査票（COPSOQ）で測定される一次元）」(Tei-Tominaga, 2013；Ishihara et al., 2014) はそれぞれ退職意思に有意でなかった。しかしこれらの研究は健康状態に関する変数をコントロールしており，Tei-Tominaga et al., (2009) によると，労働時間は疲労の蓄積の原因となり，疲労の蓄積は退職意思を高めることを示している。

質的な要求についてはどうか。Takase et al., (2012) では「倫理的実践能力」や「チームでの看護ケア能力」などから構成された，能力に対する要求は有意でなかった。また，COPSOQで測定される「認知的要求」「感情的要求」「感覚的要求」なども同様に有意性が確認されていない (Tei-Tominaga, 2013；Ishihara et al., 2014)。このことから，専門的能力や高い水準の注意・集中力が求められたとしても，新人看護師の退職意思は高まるわけではない。

むしろ，権限委譲が進み様々な意思決定に関与できたり，高度な技術や創造性が求められる「技術的裁量」の多い（「仕事コントロール」が高い）仕事は退職意思を和らげることが Tei-Tominaga and Miki (2010) によって示されている。

ただし，この「仕事コントロール」は Tei-Tominaga et al. (2009) では有意ではなく，さらに Tei-Tominaga and Miki (2011) では，努力報酬不均衡モデル調査票で測定される「外在的努力」（仕事の負担や責任の重さ）は各種の健康状態をコントロールしても退職意思を強めるという結果も残されているため，仕事の性質と早期退職の関係についてはさらなる研究が必要であろう。

(c) **仕事環境**

仕事を取り巻く環境も非常に重要である。多く指摘されているのが職場での人間関係，とりわけ周囲からのサポートである。同僚に相談できない人間関係の中の新人看護師の退職リスクは2.5倍 (Suzuki et al., 2006) であり，職場に対する不満足をコントロールしてもなおその可能性は高い（ハザード比は1.6）(Suzuki et al., 2008)。同僚よりも上司によるサポートの重要性を指摘する論文

も存在する（Tei-Tominaga et al., 2009；Tei-Tominaga and Miki, 2010）。

Tei-Tominaga and Miki（2010）や Tei-Tominaga and Miki（2011）は，ロールモデルが存在する新人看護師の退職意思は非常に弱いことを明らかにしている。

(d) 能力と性格

看護実践能力に対する自信は退職・離職を抑制することが明らかにされている。例えば，自身が持つ「倫理的実践能力」，「チームでの看護ケア能力」を高く評価する看護師ほど退職意思は弱い（Takase et al., 2012）。また「臨床的実務に関する専門的知識と自信」も同様の効果を持つ（Tei-Tominaga et al., 2009）。

また，高い対人能力を持つ新人看護師ほど早期退職を経験している可能性は低く（Niitsuma et al., 2012），主観的な健康状態は良い傾向があり，結果として退職意思は弱い（Tei-Tominaga et al., 2009）。その一方で，自分の要求や意見を主張し，他者と対等な関係を築くための能力であるアサーティブネス（assertiveness）の効果を Suzuki et al.（2008）や Suzuki et al.（2010）が検証している。しかし早期退職した看護師とそうでない看護師の間でこの能力に関する有意差は見られなかった。

看護実践能力に対して自信を持っている新人看護師は，その仕事が自分に合っていると考えるだろう。このような適性の感覚は退職意思を大きく和らげることが知られている（Tei-Tominaga et al., 2009；Tei-Tominaga and Miki 2010；Tei-Tominaga and Miki 2011）。

Suzuki たちの一連の研究（2008；2010）は，職場で困難に直面した際に選択する方法の傾向（coping mechanism）が早期退職と関係があるのか検証しているが，どちらの研究でも有意差を検出することはできなかった。

(e) 労働条件

良い労働条件は看護師の退職を防ぐ（Takase et al., 2012）。より具体的に，保養施設や休暇に対する不満足は退職の可能性を高める（Tei-Tominaga, 2013, オッズ比は 3.2）。しかし報酬に関する満足については明確な結果が確認されていない。Suzuki たちの一連の研究（2008；2010）では早期退職グループとそうでないグループの間で給与に対する満足に有意差が見られず，Tei-Tominaga and Miki（2011）では金銭的報酬のみならず非金銭的報酬に対する満足や期待も退職意思に対して有意ではなかった。

また夜勤の有無も退職意思に対する有意な効果は確認されていない（Tei-Tominaga and Miki, 2010）。

(f) 結果変数

看護師の健康は退職・離職と関わっている。健康状態を表す変数として，主観的健康状態（Tei-Tominaga et al., 2009），疲労の蓄積（Tei-Tominaga et al., 2009；Tei-Tominaga and Miki, 2010；Tei-Tominaga, 2013），精神的苦痛（Psychological Distress）（Tei-Tominaga and Miki, 2010；Tei-Tominaga, 2013），バーンアウト（Suzuki et al., 2010；Ishihara et al., 2014）がこれまで俎上に載せられており，実際に不健康な看護師ほど退職意思が高いことが示されている。しかし，ストレス源であり精神的健康に悪影響を及ぼすリアリティショックについては，他の変数をコントロールすれば早期退職に対する有意な効果が確認されていない（Suzuki et al., 2008；Niitsuma et al., 2012）。

職場に対する満足は退職の可能性を低下させる。Suzuki et al.（2008）によれば，勤務先の職場に対して「とても満足」と回答していた新人看護師と比べて「やや不満足」の回答者は早期退職のハザードが2.2倍，「とても不満足」の回答者は3.2倍であった。同様の関係はSuzuki et al.（2010）でも見られる。

職場に対して満足している看護師ならば，勤務先の病院に対する愛着を持つかもしれない。病院に対するこのような情緒的（affective）コミットメントを持つ看護師は退職の可能性は低い。

職場だけでなく，職務満足も退職を防ぐことが明らかにされている（Ishihara et al., 2014）。

(g) 影響の強さ

以上にて新人看護師の退職・離職に関わる変数を整理した。最後に標準偏回帰係数（ベータ）を示す研究（Tei-Tominaga et al., 2009；Tei-Tominaga and Miki 2010；Tei-Tominaga and Miki, 2011）から，どの変数の影響が大きいのか検討する。

以上の3研究に共通して，新人看護師の適性の感覚に関する変数が最も大きな影響を及ぼしていた。次点の要因は研究によって異なるが，上位に来るのは健康状態を表す変数や周囲からのサポート，ロールモデルの有無であった。

参照した3研究はそれぞれ特定の関心からモデルを組み立てており，以上の(a)から(f)の中で取り上げた変数全てを説明変数に含めているわけではない。し

たがってこれら3研究を通じた説明変数の比較は不完全なものであり，暫定的な結論である点に注意が必要である。

(h) 小括

新人看護師の離退職との関連が検討された要因は以下の通りである（図表8－1）。(a)（基本属性）年齢，性別，学歴，(b)（仕事の性質）配属，量的要求，質的要求，権限委譲，(c)（仕事環境）人間関係，ロールモデル，周囲からのサポート，(d)（能力と性格）看護実践能力に対する自信，対人能力，ストレスの対処法，(e)（労働条件）給与，福利厚生，非金銭的報酬，夜勤の有無，(f)（結果変数）健康状態（疲労・精神的苦痛・バーンアウト），リアリティショック，満足（職場・職務），コミットメント。

これらの中で特徴として挙げられるのは，配属に関する希望が叶ったかどうか，患者・同僚・上司・医師と良好な関係を築くための能力や看護ケアを行うのに必要な能力の自己認識，適性の感覚，リアリティショックなどといった，仕事や組織に対する適応に関わる変数である。そして図表8－1の要因の中で特に影響が強いのは，この新人看護師の適性の感覚であり，続いて健康状態や

■図表8－1 離退職要因（新人看護師）

周囲からのサポートであった。

3.2　一般看護師

次に回答者の選択において経験年数による制限を設けていない実証研究の整理に移ろう。

新人看護師の研究と比較すると，仕事や組織に対する適応を示す変数の代わりに，家庭生活や仕事生活との結びつきに関わる変数が論点に加わっている。出産や結婚などのライフイベントをきっかけに，家庭内での役割と看護師の仕事の両立が困難になって退職する看護師が非常に多いためであろう（厚生労働省，2011a）。このような，人々の家庭生活と仕事生活の均衡もしくは衝突の程度を表すのがワークファミリーコンフリクト（WFC）やワークライフバランス（WLB）である。以下で見るようにこれらの変数は実際に看護師の離退職に影響を与えることが明らかにされている。

前節と同様に，看護師の離退職に影響を与える要因を便宜的に6カテゴリーに分けて説明していく。

(a)　**基本属性**

年齢や看護師としての経験年数と離退職の関連を示す研究はいくつか存在する。若い看護師の方が退職意思は強く（Kudo et al., 2006b），勤続意思は弱い（Kudo et al., 2006a）。これに対して Yamaguchi et al. (2016) では退職意思に対する年齢の効果は有意でなかった。おそらく経験年数や家庭環境に関する変数をコントロールしているためだろう。

Shimizu et al. (2005a) によると，女性看護師に限れば，経験年数と退職は単純な線形関係にない。経験年数11年以上の看護師と比べて，6〜10年の看護師の退職リスクは5倍超であり，これは5年以下の看護師と比べてもはるかに多い。経験年数6〜10年の看護師の多くは20代半ばから30代前半であり，この年齢層は他と比べて結婚や出産などのライフイベントを迎える可能性が高いと予想される。そのためこのような逆U字の関係が見られると考えられる。

新人看護師と異なり，一般の看護師については学歴の影響は明らかでない。Takase et al. (2016) が行っている退職意思を従属変数とした重回帰分析では，大卒ダミーの係数の符号は負であった。すなわち大卒看護師はそれ以外と比べて退職意思が弱い。しかしこの効果は5％水準で有意ではなかった。

正看護師，准看護師などといった看護師資格の違いの影響も明確な結果が得られていない。中小規模の病院を対象とした Kudo et al.（2006b）では，看護助手と比べると正看護師の方が退職意思は有意に強かったが，他の研究（Kudo et al., 2006a；Yamaguchi et al., 2016）では資格の違いによる有意差は確認されていない。

Takase et al.（2016）によると，性別は有意ではないが，既婚者は独身者と比べて離職意思が弱い。Kudo et al.（2006a）でも，有意ではなかったが，配偶者のいる看護師の方が勤続意思は強い推定結果を示している。子供の有無や，育児，扶養家族のケアの役割の有無については，退職意思や勤続意思に対する有意な効果を示す研究は見当たらないが，家族と同居している看護師の退職意思は低い（Yamaguchi et al., 2016）。

(b) 仕事の性質

Fujimura et al.（2011）によると，患者・看護師の比率が10：1から7：1に変わることによって患者の満足が高まると同時に，看護師が感じる仕事の負担は軽くなった。

仕事の負担が軽くなれば睡眠の質・量も改善するだろう。Kudo et al.（2006b）は睡眠に対する不満足が和らげば，退職意思が改善することを示す。その一方で，睡眠の質と関連するであろう夜勤の有無については，勤続意思に対する有意な効果は確認されていない（Kudo et al., 2006a）。

Yamaguchi et al.（2016）によれば，スピードが求められたり，他者からの指示・要求に対してコンフリクトを感じることが多いような，プレッシャーやストレスの強い仕事は看護師の退職意思を高めてしまう。しかし，新人看護師と同様，権限が十分移譲されていたり，高度な技術や創造性が求められる仕事はむしろ退職意思を和らげることが明らかにされている。そして看護師としての専門家意識は勤続意思を高めることが Kudo et al.（2006b）によって示されている。

(c) 仕事環境

新人看護師と同様に，一般の看護師も周囲からのサポートが無ければ離退職の意思は強くなってしまう（Kudo et al., 2006a；2006b；Yamaguchi et al., 2016）。特に，各看護師の家庭内の役割に対して同僚や上司が理解を示してくれれば，

仕事と家庭の間で葛藤を感じることは少なくなる（Fujimoto et al., 2008）。このような理解を職場から得ている看護師の退職意思は低い（Yamaguchi et al., 2016）。

そして勤務先の病院が，家庭と仕事の両立に支援的な組織文化（Family-friendly organizational culture）を持っていれば，看護師たちのワークファミリーコンフリクトは少ない傾向にある（Takeuchi and Yamazaki, 2010）。これによって退職の可能性は減るだろう。

(d) 能力と性格

Takase et al. (2015) の構造方程式モデリングは，「倫理的実践能力」，「チームでの看護ケア能力」などといった看護師としての能力に対する自己評価の高さは，低疲労と報酬の獲得の感覚につながり，これらが病院に対する情緒的（affective）コミットメントを高めて退職意思を和らげることを示している。

また，ストレスを対処する能力の一側面である首尾一貫感覚（sense of coherence; SOC）は看護師のワークファミリーコンフリクトを和らげたり，身体的・精神的健康状態を改善することを Takeuchi and Yamazaki (2010) が示している。

(e) 労働条件

良い給与と福利厚生，公正な昇給の実施は看護師の退職意思を減らし，勤続意思を高めることが Kudo et al. (2006a；2006b) によって示されている。報酬の絶対的な水準よりもむしろ，負担，責任の重さなどの仕事上の要求との釣り合いが重要であることを示す研究も存在する（Satoh et al., 2017）。

Takase et al. (2016) は，看護師としての成長を促進する自己開発機会も退職意思を和らげる重要な報酬であることを明らかにしている。

フルタイムかパートタイムかという雇用形態の違いは退職意思に対して有意ではなかった（Kudo et al., 2006a；Yamaguchi et al., 2016）。

(f) 結果変数

既に触れているように，ワークファミリーコンフリクトは離退職意思を悪化させる。特に仕事が家庭生活の妨げとなっている場合である（Yamaguchi et al., 2016）。ワークファミリーコンフリクトの原因となるものとして，既に指摘した職場のサポートや家庭と仕事の両立に支援的な組織文化の欠如の他に，長

い労働時間，残業の多さ，家事や育児を手伝う人の不在が明らかにされている（Takeuchi and Yamazaki, 2010）。ちなみに，これらの研究では，夜勤がワークファミリーコンフリクトを高めるという結果は得られていない。

新人看護師と同様に，仕事に対して満足を感じている看護師は勤続意思が強い（Satoh et al., 2017）。職務満足に対する要因として Kanai-Pak et al.（2008）は仕事環境に着目している。彼女らによると，経験年数4年以下の看護師が増えるほど，人員・資源が不足しているほど，看護師と医師の関係が悪いほど，看護師は不満足を感じる可能性が高くなる。さらに，このような仕事環境の悪化はケアの質の低下，バーンアウトの原因にもなることが示されている。

Takase et al.（2016）によると，勤務先の病院が心理的契約を遵守していると感じている看護師ほど退職意思は弱い。しかし病院が何を行えば看護師たちのそのような知覚に繋がるのかは示されておらず，今後のさらなる研究が必要である。

心理的契約の適切な履行も一要因となっていそうな情緒的コミットメントは退職意思を和らげる。これは，職業に対するモチベーション，管理者による知的刺激，同僚からのサポートなどによって高められる（Kodama et al., 2016）。

健康状態の悪化は離退職の可能性を高めてしまう。例えばバーンアウトは退職のリスクを高めることが明らかにされている（Shimizu et al., 2005a；Ohue et al., 2011）。先に述べた仕事環境の悪化（Kanai-Pak et al., 2008）の他に，スタッフや患者との衝突や仕事の負担もバーンアウトの原因である（Ohue et al., 2011）。また，ワークファミリーコンフリクト，首尾一貫感覚（SOC）などは疲労の蓄積や精神的健康に影響を与えることが明らかにされている（Lambert et al., 2004；Takeuchi and Yamazaki, 2010）。

(g) 影響の強さ

Kudo et al.（2006a；2006b）と Yamaguchi et al.（2016）は標準偏回帰係数も計算している。これらの研究から，どの要因が一般看護師の退職・離職に対して大きな影響を与えるか考察しよう。

Kudo たちの研究では「仕事の特性」や「睡眠に対する不満足」，Yamaguchi たちの研究では「ワークファミリーコンフリクト」の標準偏回帰係数が最も大きかった。次点の要因は「年齢」（Kudo et al., 2006a）と「周囲からのサ

ポート」(Kudo et al., 2006b 及び Yamaguchi et al., 2016) であった。十分な睡眠が取れないのは仕事の負担が大きく，家庭生活とのバランスを崩している状況であると解釈すれば，これらの研究はある程度の共通した結果を示していると言えよう。

(h) 小括

一般看護師の離退職との関連で取り上げられている要因は図表8-2の通りである。(a)（基本属性）年齢，性別，学歴，経験年数，看護師資格，配偶者の有無，家庭内での役割，(b)（仕事の性質）患者・看護師比，量的要求，質的要求，権限委譲，(c)（仕事環境）人間関係，リーダーシップ，周囲からのサポート，未熟な看護師の割合，人員・資源の不足，組織文化，(d)（能力と性格）看護実践能力，専門家意識，首尾一貫感覚，(e)（労働条件）給与，福利厚生，自己開発機会，夜勤の有無，雇用形態，(f)（結果変数）健康状態（疲労・精神的苦痛・バーンアウト），ワークファミリーコンフリクト，満足（職場・職務），コ

■図表8-2　離退職要因（一般看護師）

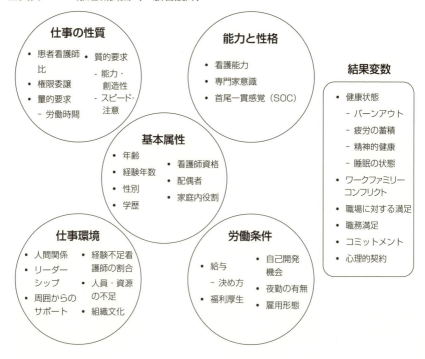

ミットメント，心理的契約の履行。

　これらのうち，特に影響の大きいのは，仕事生活と家庭生活の両立と周囲からのサポートであった。

4　おわりに：今後の課題

　以上にて，日本の病院に勤務する看護師を対象にした実証研究のうち，英語で書かれた論文を整理した。どのような変数が看護師との離退職と関連付けられて考察されてきたのかは図表8-1と8-2で要約されている。これら変数のうち，特に強い影響を与えているのは，新人看護師の場合，組織や仕事に対する適応に関連したものであり，一般看護師については家庭生活と仕事生活の両立に関連したものであった。また，周囲からのサポートの重要性はどちらにも共通して示されていた。

　最後に，研究上の課題を2つ述べる。

4.1　人事諸制度の効果

　以上の研究は全て看護師を回答者としている。これによって得られる情報は，勤務先の病院や職場，仕事，自身についての看護師の認識である。この情報を分析することによって，どのような看護師がどのような心的プロセスを経て退職・離職意思を持ち，病院を辞める決定に到達するのか理解が深まる。しかし重要なのは看護師の退職・離職をどのように減らすのかという視点である。病院経営者がコントロールできるのは看護師の管理に関わる諸制度である。退職に至る心的プロセスに対する理解は，これら制度と退職の間の仮説を考える上で有益である。しかしそれ以上の知見をもたらさない。したがって，各制度をどのように変えれば退職を減らすことができるのか直接検証すべきである。そのために病院の人事制度も含むデータの分析が今後求められる。

4.2　メタ分析

　以上で見てきたように，いくつかの変数の間には研究によって異なった関係が示されている。なぜこのような違いが生じたのか理解を深めるためにも，複数の研究の結果を統合してより正確な推定結果を得るためにも，メタ分析を行うことが今後求められる。

（川村一真）

引用・参考文献

内野恵子・島田涼子（2015）「本邦における新人看護師の離職についての文献研究」『心身健康科学』11(1)，pp.18-23

厚生労働省（2011a）「資料3　看護職員就業状況等実態調査結果表」
(http://www.mhlw.go.jp/stf/houdou/2r98520000017cjh-att/2r98520000017co0.pdf, 2018年1月5日閲覧)

厚生労働省（2011b）「第七次看護職員需給見通しに関する検討会報告書（概要）」
(http://www.mhlw.go.jp/topics/2011/01/dl/tp0119-1_35.pdf, 2018年1月5日閲覧)

日本看護協会（2017a）「「2016年　病院看護実態調査」結果速報」
(http://www.nurse.or.jp/up_pdf/20170404155837_f.pdf, 2018年1月5日閲覧)

日本看護協会（2017b）「(4)看護師，准看護師（年次別・就業場所別）」『平成28年看護関係統計資料集』日本看護協会出版会
(https://www.nurse.or.jp/home/statistics/pdf/toukei04.pdf, 2018年1月5日閲覧)

Aiken, L.H., D.M.Sloane, S. Clarke, L. Poghosyan, E. Cho, L. You, M. Finlayson, M. Kanai-Pak and Y. Aungsuroch (2011) Importance of work environments on hospital outcomes in nine countries. *Int J Qual Health Care*, 23(4), pp.357-364.

Buchan, J. and L.Aiken (2008) Solving nursing shortages: a common priority. *J Clin Nurs*, 17(24), pp.3262-3268.

Fujimoto, T., S, Kotani and R. Suzuki (2008) Work-family conflict of nurses in Japan. *J Clin Nurs*, 17(24), pp.3286-3295.

Fujimura, Y., H. Tanii and K. Saijoh (2011) Inpatient satisfaction and job satisfaction/stress of medical workers in a hospital with the 7:1 nursing care system (in which 1 nurse cares for 7 patients at a time). *Environ Health Prev Med*, 16(2), pp.113-122.

Ishihara, I., Y. Ishibashi, K. Takahashi and M. Nakashima (2014) Effect of organizational factors and work environments on newly graduated nurses' intention to leave. *Jpn J Nurs Sci*, 11(3), pp.200-210.

Ito, H.,S.V.Eisen, L.I.Sederer, O. Yamada and H. Tachimori (2001) Factors affecting psychiatric nurses' intention to leave their current job. *Psychiatr Serv*, 52(2), pp.232-234.

Kanai-Pak M., L.H.Aiken, D.M.Sloane, and L. Poghosyan (2008) Poor work environments and nurse inexperience are associated with burnout, job dissatisfaction and quality deficits in Japanese hospitals. *J Clin Nurs*, 17(24), pp.3324-3329.

Kodama, Y., H. Fukahori, K. Sato and T. Nishida (2016) Is nurse managers' leadership style related to Japanese staff nurses' affective commitment to their hospital? *J Nurs Manag*, 24(7), pp.884-892.

Kudo, Y., T. Satoh, K. Hosoi, T. Miki, M. Watanabe, S. Kido and Y. Aizawa (2006a) Association between intention to stay on the job and job satisfaction among Japanese nurses in small and medium-sized private hospitals. *J Occup Health*, 48(6), pp.504-513.

Kudo, Y., T. Satoh, H. Sinji, T. Miki, M. Watanabe, K.Wada, K. Hosoi, K. Hagita, Y. Saito and Y. Aizawa (2006b) Factors associated with turnover interntion among nurses in small and medium-sized medical institutions. *Environ Health Prev Med*, 11(3), pp.128-135.

Kusui, Y., T. Yamazaki, T. Yamada, M. Hamada, K. Ueshima, K. Tajima and S. Sokejima (2017) Worker resignation due to patient nuisance in hospitals: Determinants and prevention. *Arch Environ Occup Health*, 72(1), pp.0-19.

Lambert, V.A., C.E.Lambert and M. Ito (2004) Workplace stressors, ways of coping and demographic characteristics as predictors of physical and mental health of Japanese hospital nurses. *Int J Nurs Stud*, 41(1), pp.85-97.

Makabe, S., J. Takagai, Y. Asanuma, K. Ohtomo and Y. Kimura (2015) Impact of work-life imbalance on job satisfaction and quality of life among hospital nurses in Japan. *Ind Health*, 53(2), pp.152-159.

Miyata, C., H. Arai and S. Suga (2015) Characteristics of the nurse manager's recognition behavior and its relation to sense of coherence of staff nurses in Japan. *Collegian*, 22(1), pp.9-17.

Mizuno-Lewis, S. and M.McAllister (2008) Taking leave from work: the impact of culture on Japanese female nurses. *J Clin Nurs*, 17(2), pp.274-281.

Niitsuma, M., T. Katsuki, Y. Sakuma and C. Sato (2012) The relationship between social skills and early resignation in Japanese novice nurses. *J Nurs Manag*, 20(5), pp.659-667.

Ohue, T., M. Moriyama and T. Nakaya (2011) Examination of a cognitive model of stress, burnout, and intention to resign for Japanese nurses. *Jpn J Nurs Sci*, 8(1), pp.76-86.

Price, S.L. (2009) Becoming a nurse: a meta-study of early professional socialization and career choice in nursing. *J Adv Nurs*, 65(1), pp.11-19.

Satoh, M., I. Watanabe and K. Asakura (2017) Occupational commitment and job satisfaction mediate effort-reward imbalance and the intention to continue nursing. *Jpn J Nurs Sci*, 14(1), pp.49-60.

Shimizu, T., Q. Feng and S.Nagata (2005a) Relationship between turnover and burnout among Japanese hospital nurses. *J Occup Health*, 47(4), pp.334-336.

Shimizu, T., R. Eto, I. Horiguchi, Y. Obata, Q. Feng and S.Nagata (2005b) Relationship between turnover and periodic health check-up data among Japanese hospital nurses: a three-year follow-up study. *J Occup Health*, 47(4), pp.327-333.

Suzuki, E., I. Itomine, Y. Kanoya, T. Katsuki, S. Horii and C. Sato (2006) Factors affecting rapid turnover of novice nurses in university hospitals. *J Occup Health*, 48(1), pp.49-61.

Suzuki, E., I. Itomine, M. Saito, T. Katsuki and C. Sato (2008) Factors affecting the turnover of novice nurses at university hospitals: a two year longitudinal study. *Jpn J Nurs Sci*, 5(1), pp.9-21.

Suzuki, E., M. Saito, A. Tagaya, R. Mihara, A. Maruyama, T. Azuma and C.Sato (2009) Relationship between assertiveness and burnout among nurse managers. *Jpn J Nurs Sci*, 6(2), pp.71-81.

Suzuki, E., A. Tagaya, K. Ota, Y. Nagasawa, R. Matsuura and C.Sato (2010) Factors affecting turnover of Japanese novice nurses in university hospitals in early and later periods of employment. *J Nurs Manag*, 18(2), pp.194-204.

Takase, M., N. Yamashita and K. Oba (2008) Nurses' leaving intentions: antecedents and mediating factors. *J Adv Nurs*, 62(3), pp.295-306.

Takase, M., K. Oba and N. Yamashita (2009) Generational differences in factors influencing job turnover among Japanese nurses: an exploratory comparative design. *Int J Nurs Stud*, 46(7), pp.957-967.

Takase, M., Y. Nakayoshi and S. Teraoka (2012) Graduate nurses' perceptions of mismatches between themselves and their jobs and association with intent to leave employment: a longitudinal survey. *Int J Nurs Stud*, 49 (12), pp.1521-1530.

Takase, M., S. Teraoka and Y. Kousuke (2015) Investigating the adequacy of the Competence-Turnover Intention Model: how does nursing competence affect nurses' turnover intention? *J Clin Nurs*, 24 (5-6), pp.805-816.

Takase, M., S. Teraoka and K. Yabase (2016) Retaining the nursing workforce: factors contributing to the reduction of nurses' turnover intention in Japan. *J Nurs Manag*, 24(1), pp.21-29.

Takeuchi, T. and Y. Yamazaki (2010) Relationship between work-family conflict and a sense of coherence among Japanese registered nurses. *Jpn J Nurs Sci*, 7 (2), pp.158-168.

Tei-Tominaga, M. (2013) Factors related to the intention to leave and the decision to resign among newly graduated nurses: a complete survey in a selected prefecture in Japan. *Environ Health Prev Med*, 18(4), pp.293-305.

Tei-Tominaga, M. and A. Miki (2010) A longitudinal study of factors associated with intentions to leave among newly graduated nurses in eight advanced treatment hospitals in Japan. *Ind Health*, 48(3), pp.305-316.

Tei-Tominaga, M. and A. Miki (2011) Factors associated with the intention to leave among newly graduated nurses in advanced-treatment hospitals in Japan. *Jpn J Nurs Sci*, 8(1), pp.33-46.

Tei-Tominaga, M.,A. Miki and K. Fujimura (2009) A cross-sectional study of factors associated with intentions to leave among newly graduated nurses in eight advanced treatment hospitals: job stressors, job readiness, and subjective health status. *Nihon Koshu Eisei Zasshi*, 56(5), pp.301-311.

Tei-Tominaga, M. and F.Sato (2016) Effect of nurses' work environment on patient satisfaction: A cross-sectional study of four hospitals in Japan. *Jpn J Nurs Sci*, 13(1), pp.105-113.

Yamaguchi, Y., T. Inoue, H. Harada and M. Oike (2016) Job control, work-family balance and nurses' intention to leave their profession and organization: A comparative cross-sectional survey. *Int J Nurs Stud*, 64, pp.52-62.

第9章

老後と資金計画

1　はじめに：老後にかかる費用

　退職後，公的年金と自己資金で医療・介護費を含む生活費を賄うことが可能かどうか関心事となっている。少子高齢社会を迎え，生涯を全うするまでに現役時代に蓄積した資金が先に枯渇する長生きリスクが高まっているからである。

　この論文の目的はシミュレーション分析を通じて現役時代に蓄積した自己資金で退職後の医療・介護費を含む生活費用を生涯にわたり維持できるかどうかを検証することにある。この検証を通じて公的年金以外にどの程度の出費が可能であるかを概観できるだろう。

　総務省の「家計調査（平成26年度）」によると，60歳以上の2人世帯の1か月の平均支出はおよそ27万円である。そのうち食料品や保健医療費が占める割合が65％，70歳を超えると70％以上になる。高齢夫婦無職世帯の1か月間の公的年金などの実収入が21万で，不足が6万円弱である。この不足分を若いころから蓄積した資金で補う必要がある。単純に言えば，1年間で72万円（12×6万円）である。仮に退職後30年間生きるとすれば，最低2,160万円は必要となる。当然生活費以外にも予想もしない高額の出費がありうるし，インフレのことを考えるとさらに貯蓄する必要があることは言うまでもない。

　今後必要とされるのは公的年金以外に，現役時代に蓄積した自己資金を枯渇させることなく生涯全うするまで運用しながら支出を行うことである。たとえば，35歳から65歳までの30年間に少しずつ貯蓄をして2,580万円を貯蓄したとしよう。この資金を年金利1％で運用しながら30年間毎年100万ずつ支出

するのであれば，30年後に手持ちの資金がゼロになる。ただし，インフレは考慮に入れていない。また，1％の金利は不変，退職後30年間で生涯を全うするという仮定を置いている[1]。

アメリカにおいては日本と比較して医療費負担が高いということもあり生涯にわたる資金計画に関する研究が数多くなされている。その代表的論文の一つであるBengen（1994）の研究では，生涯にわたり公的年金以外に退職時点までに蓄積した資金で医療費等も含む生活費を補うのに毎年どれだけのお金を支出できるかのシミュレーションを行っている。その結果によると，退職後，資金から年間4％，安全に引き出すことが可能であるという結論を導き出している。これはBengenの4％ルールと呼ばれているものである。

2 先行研究

Bengen（1994）の結果の妥当性を検証したのがCooley, Hubbard and Walz（2003，以下CHW）である。彼らは1946年から2001年までのデータを用いて検証を行い，Bengen（1994）の4％ルールの妥当性を再確認した。

Pfau（2010）はBengen（1994）の結果が妥当であるかを日本のデータを使って行った最初の検証である。結果はアメリカの4％ルールは国際的にみて妥当ではなく，現実には3〜3.5％が妥当であるという結論を導き出している。城下・木下（2013）もCHW（2003）の検証結果を用い，Pfau（2010）と同様，日本では株式・債券のパフォーマンスがアメリカと比較して低いため安全引き出し率がアメリカと比較して低いという結果を導き出している。

Waring and Siegel（2015）は最初の自己資金からの引き出し率ではなく，マーケットの変動によって毎年異なる自己資金額に基づいた引き出し率を提唱している。この方法によれば，毎年受け取る引き出し額は異なるものの生存期間中，途中で自己資金が枯渇する長生きリスクは生じない。われわれも検証を行い，同様の結果になったことを明らかにする。

3 シミュレーション分析

3.1 データ

最初に，CHW（2003）の方法に基づき，わが国の株式・債券データを用い

て自己資金[2]の安全引き出し率[3]と，それを可能にする自己資金に占める債券と株式の比率を検証する。この検証は城下・木下 (2013) を拡張したものである。そこでは，将来の収益率は過去のデータに基づいて計算されたものであると仮定し，退職後の 30 年間で資金が枯渇することなく生涯を全うすることができるかどうかを検証する。

国内の株式と債券の収益率は 1966 年 1 月から 2016 年 12 月までの月次市場投資収益率データを用いた。ただし，月次株式データは 1966 年 1 月から 2011 年 12 月までは日本証券取引所の月次市場収益率データを，2012 年 1 月から 2016 年 1 月までは日経メディアマーケティング社のファイナンシャルクエストの東京証券取引所月次市場収益率データを用いた。債券データは 1966 年 1 月から 2011 年 12 月まではイボットンソン社の Encorr からの月次データを，2012 年 1 月から 2016 年 12 月までは日経メディアマーケティング社のファイナンシャルクエストの月次債券データを用いた。同期間のインフレ率は 1966 年 1 月から 2011 年 12 月までは Encorr から，2012 年 1 月から 2016 年 12 月までについては総務省統計局の月次消費者物価指数を用いている。

3.2 固定引き出し率

自己資金額は 1,000 万円[4]とする。自己資金を株式・債券で運用しながら，ある一定の引き出し期間 (30 年)，年間引き出し率 0.5% から 0.5% 刻みで最大 10% を月次に変換して毎月引き出していく。ただし，引き出し率は最初の自己資金額 1,000 万円に対するものであり，引き出し期間中固定される。

たとえば，引き出し率を 3% としよう。1,000 万円に対する年間の引き出し額は 30 万円であり，月次であれば，毎月 0.25% の 25,000 円になる。

自己資金 1,000 万円は株式・債券で一定期間運用しながら一定比率を引き出していく。そこでは，株式・債券の組み合わせであるアセットアロケーションを使って自己資金を運用することになる。すなわち，①株式 100%，②株式 75%，債券 25%，③株式 50%，債券 50%，④株式 25%，債券 75%，⑤債券 100% の 5 通りである。アセットアロケーションは毎月最初と同じ比率にリバランス[5]される。

検証では，モンテカルロシミュレーションを用いて，期間中に自己資金が枯渇しない成功確率を計算している[6]。モンテカルロシミュレーションは各収益

率とインフレ率の平均，標準偏差を所与として，対数正規乱数を発生させ，株式・債券の収益率とインフレ率を導出している。

3.3 計算手順

計算は城下・木下（2013）と同じ手順を用いている。インフレ調整後の実質引き出し後の月末の金額は以下のように計算する。

$V_t = V_{t-1} \times (1 + R_t) - W(1 + I_t)$

ただし，V_t ＝ t月末の金額
　　　　V_{t-1} ＝ t－1月末の金額
　　　　R_t ＝ t月の証券（株式・債券）収益率
　　　　W ＝ 名目引き出し額
　　　　I_t ＝ t月のインフレ率
　　　　$W(1 + I_t)$ ＝ 実質引き出し額

実証分析はモンテカルロシミュレーションを用いて以下の手順で行われる。
① 引き出し率，アセットアロケーション，期間を固定。
② 株式・債券の収益率とインフレ率の平均値と標準偏差を所与として3次対数正規乱数を発生させることで，株式と債券の収益率とインフレ率を導出する。
③ 月末の金額を計算。
④ 次の月の株式・債券の収益率と，インフレ率を導出。
⑤ 月末の金額を導出。
⑥ 最終期間まで④，⑤を繰り返す。
⑦ これを1,000回試行する。
⑧ 1,000回の試行のうち最終月の金額がプラスならば成功，途中でゼロになると失敗である。
⑨ 1,000回の試行の内成功した回数に基づき成功確率を計算する。たとえば，1,000回の試行で800回成功したならば成功確率は80％である。

3.4 検証結果

我々が用いた日本のデータの月次平均と標準偏差は**図表9-1**の通りである。
月次株式（債券）平均収益率は0.66（0.28）％で，株式（債券）収益率の標準偏差が5.73（1.02）％である。平均インフレ率は0.23％，その標準偏差は0.64％である。株式は債券と比較して平均収益率も標準偏差も高い。また，株式・債

■図表 9-1　日本の基本統計量（月次平均値）

	1966-2016
株式収益率（%）	0.66 (5.73)
債券収益率（%）	0.28 (1.02)
インフレ率（%）	0.23 (0.64)

(注) カッコ内は標準偏差

券ともにインフレ率よりも平均収益率・標準偏差は高い。ただし，債券の平均収益率はインフレ率よりもわずかに高いものの標準偏差は2倍近くある。

　図表9-2をみると30年間では債券の比重を高め，引き出し率を2%にするならば，成功確率はほぼ100%になる。しかし，引き出し率が高くなるにつれて成功確率は大きく低下する。4%を引き出すとなると株式の比率が75%でも成功確率は50%にも到達しない。成功確率が75%を超える引き出し率は3%であり，株式の配分が25%から50%の範囲である。これは，アメリカの安全引き出し率4%よりも低い。

　図表9-3は縦軸が自己資金額で，横軸が月数を表す。右に行けば行くほど期間が経過することを意味している。株式50%，債券50%の比率で自己資金を運用しながら毎年4%（毎月0.33%）引き出すならば，中央値で287月（ほぼ24年）までに資金が枯渇することになる。

■図表 9−2　株式の占める割合と成功確率の関係（30年実質）

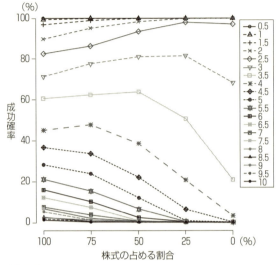

（出所）城下・木下（2017）p.31

■図表 9−3　30年間の自己資金の推移（中央値）

4　追加検証

　この節では前月の自己資金額に対する実質引き出し率を一定にする検証を行う。計算は城下・木下（2013）と同じ手順を用いている。前述の検証と異な

のは当初資金（1,000万円）に対して一定比率の金額を引き出すのではなく，前月の自己資金額に対して一定の比率を引き出すものである。ただし同じ比率でも前月の自己資金額が増加すると，より多くの金額が，減少するとより少ない金額を引き出すことになる。

図表9-4は30年間の成功確率とアセットアロケーションの関係を示している。図からわかるように，前月の自己資金額に対していかに引き出し率が高くても，株式・債券の比率にかかわらず成功確率は常に100％である。

■図表9-4　株式の占める割合と成功確率の関係（30年実質）

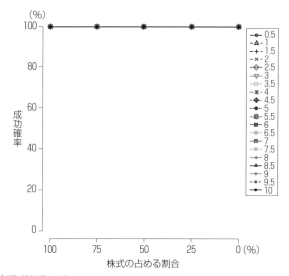

（出所）城下・木下（2017）p.40

引き出し率が増加するにつれて最終自己資金額は低下するもののゼロになることはない。図表9-5は株式50％，債券50％のアセットアロケーションで運用しながら毎月0.33％，年間4％を引き出した時の自己資金額（中央値）である。当然のことであるが，興味深いのは毎年4％を引き出したとしても，自己資金は増え続け，最終的に最初の自己資金額に比べて1.4倍ほど増加していることである。

図表9-6は債券50％・株式50％のアセットアロケーションでの引き出し率の成功確率と自己資金額（最終ポートフォリオ[7]）とその分位を示している。図

■図表 9-5　30年間の自己資金の推移（中央値）

■図表 9-6　株式：50%，債券：50%，期間：30年，実質引出率（引出率は前月の自分年金に対する割合）の場合

実質引き出し率	成功確率	最終ポートフォリオ価値	最終ポートフォリオ価値の分位				
			95%	75%	50%	25%	5%
0.5%	100%	3.99	9.86	5.61	3.99	2.63	1.50
1.0%	100%	3.46	8.66	4.95	3.46	2.37	1.40
1.5%	100%	3.00	8.15	4.60	3.00	2.10	1.18
2.0%	100%	2.53	6.26	3.76	2.53	1.70	0.94
2.5%	100%	2.28	5.43	3.21	2.28	1.56	0.88
3.0%	100%	1.93	5.00	2.79	1.93	1.28	0.76
3.5%	100%	1.67	4.50	2.47	1.67	1.13	0.69
4.0%	100%	1.37	3.57	2.05	1.37	0.95	0.58
4.5%	100%	1.22	3.16	1.80	1.22	0.81	0.49
5.0%	100%	1.00	2.64	1.45	1.00	0.70	0.38
5.5%	100%	0.89	2.27	1.31	0.89	0.59	0.33
6.0%	100%	0.79	2.07	1.12	0.79	0.55	0.32
6.5%	100%	0.65	1.72	0.96	0.65	0.43	0.26
7.0%	100%	0.55	1.49	0.81	0.55	0.38	0.23
7.5%	100%	0.50	1.22	0.73	0.50	0.33	0.19
8.0%	100%	0.42	1.10	0.61	0.42	0.29	0.16
8.5%	100%	0.36	0.86	0.55	0.36	0.26	0.15
9.0%	100%	0.31	0.77	0.45	0.31	0.20	0.12
9.5%	100%	0.27	0.71	0.40	0.27	0.19	0.11
10.0%	100%	0.23	0.57	0.33	0.23	0.16	0.09

（出所）城下・木下（2017）p.42

表からわかるようにすべてのケースで成功確率は100％である。最初の検証では引き出し期間が30年で，引き出し額が増加するにつれて成功確率は低下したが，前月の自己資金額を基準に引き出すと成功確率はすべて100％になる。年間10％の引き出しでも2割強の自己資金（中央値）は残る。これは引き出し率が一定であっても引き出し額が異なることによるものである。すなわち，市場の状況がよければ，より多く引き出せるが，悪ければ少ない金額しか引き出せないことになり，30年間で自己資金は枯渇することはない。しかし，あまりにも引き出し率が高いと，病気や介護などの費用が多くかかるときに，たまたま運用のパフォーマンスが低下すれば資金が不足することになることはいうまでもない。

5 より現実的なシミュレーション

この節ではより現実的な検証を行う。30年の期間を退職初期，退職中期，退職後期の3つの期間に分ける。初期では比較的健康であるため旅行等などの外出費が増えることが，中期では徐々に遠方への外出の機会が初期のころと比較して減少し，出費が減少する。後期では健康の面から医療費・介護費等の出費が増大することが予想できる。

この節では初期に前期の自己資金を毎年4％，中期で毎年2(3)％，後期で4％の引き出しのシミュレーションを行った。また初期では株式・債券の比率を50％：50％，中期で20％：80％，後期で0％：100％と期間が経過するにつれてリスクが比較的小さい債券を重視した運用方法でシミュレーションを行った（図表9-7）。それ以外についてはシミュレーションの方法は追加検証と同じで引き出し率は前月の自己資金額に対するものである。

図表9-8は自己資金額（中央値）の推移である。検証結果からわかるように，30年間を通じて自己資金が枯渇することはない。逆に最初の自己資金額を超えていることがわかる。

6 おわりに：長生きリスク軽減に向けて

成功確率は引き出し率，株式・債券の組み合わせであるアセットアロケーション，期間によって決まる。最初の検証では自己資金に対して引き出し率を

■図表 9-7　実質引き出し額の経時変化

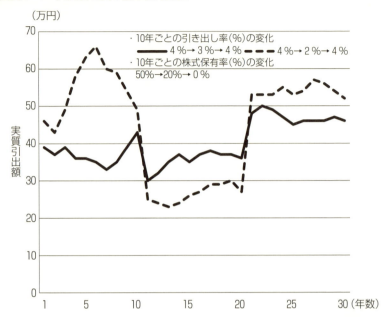

■図表 9-8　自己資金額の推移（中央値）

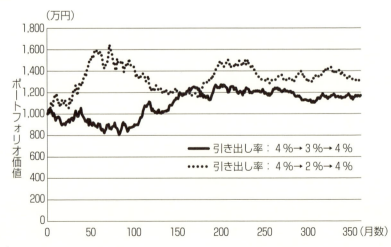

高めると成功確率は低下する。このため自己資金額と比較して多めの出費により長生きリスクが高まることに注意する必要があろう。

　前月の自己年金額に対する引き出し率の成功確率はアセットアロケーション，引き出し率，期間にかかわらず100％である。すなわち，生存期間中資金は枯渇することはない。ただし，その引き出し額は一定ではなく，市場低迷時が継続する場合には同じ引き出し率でも低い引き出し金額に甘んじなければならない。最悪，医療費・介護費を含む生活費が公的年金を含めても十分に手当てできない可能性がある。

　シミュレーションをより現実的にするために，引き出し率と株式・債券の比率を退職初期・中期・後期で変化させた場合についても検討した。ここでも追加検証と同様に自己資金が枯渇することなく，成功確率は100％であった。

　この検証の貢献の一つは前月の自己資金に基づく引き出し率が適切であれば，生涯を全うするまで自己資金をゼロにすることがなく，一定の比率で支出が可能であるということである。すなわち，長生きリスクを軽減することを可能にしたのである。ただし，その引き出し額はマーケットに影響されることで退職後の生活を行う上での資金不足に陥ることもあるかもしれない。

　今後の課題は，取引コストや税金を考慮することにある。コストや税金を反映させた場合，支出額が減ることが予想される。今後さらに現実的な検証を行う必要があろう。また，個人によっては早めに資金を多く引き出し，退職後期では公的年金のみで生活することを可とする人もいよう。個々に異なる個人のリスク許容度を反映した検証も必要であろう。また，今回の検証では過去のデータが将来も起きうると仮定した検証を行っている。より厳格な検証を行うためには，それ以外の代替的データを用いることも必要かもしれない。

　退職後に年金額を何歳からいくら受給できるか不確実なことが今後も予想される。このような不確実性に対応するためにも若い時期からの自己資金の蓄積が重要であることはこの実証研究からも明らかであろう。

（城下賢吾，木下　真）

注

1　毎年一定の引き出し金額については EXCEL の PMT 関数を使って計算できる。
2　本章でいう自己資金とは国内の株式・債券からなるポートフォリオである。
3　安全引き出し率の成功確率は必ずしも 100％ではない。アメリカの検証では 75％程度を想定している。

　自己資金の引き出し率 3％の成功確率が 75％と仮定しよう。一般に退職者は公的年金と自己資金で生活していくと考えられる。公的年金は確実に受給できるので，自己資金が枯渇する確率が多少高くてもリスク許容度が高い人には問題はないかもしれない。たとえば，退職者の安全引き出し率の成功確率＝公的年金比率×成功確率＋自己資金比率×成功確率で計算できる。仮に，公的年金比率と自己資金比率が 0.6：0.4 で，自己資金引き出し率の成功確率が 75％であるならば，退職者の安全引き出し率の成功確率は，0.6×100％＋0.4×75％＝90％になる。

4　検証結果は率で観察するので，自己資金額が 1,000 万円，100 万円，1 億でも同じ結果である。
5　リバランスとは値上がりした金融商品を売って，そのお金で値下がりした商品を買い，常に一定の比率を維持することである。たとえば，1,000 万円の株式・債券の比率が 50：50 で株式 500 万円，債券 500 万円であるとする。その後，株式が上昇し 600 万円になり，債券は変化がないとする。その場合，株式 50 万円を売却し，そのお金で債券 50 万円を購入し，株式 550 万円，債券 550 万円にする。
6　紙面の制約のため，本章では実質ベースの成功確率のみを計算している。
7　本章では最終ポートフォリオ価値は中央値である。

引用・参考文献

城下賢吾・木下真（2013）「4％ルールは可能か：日米比較」『山口経済学雑誌』62⑴，pp.15-49

城下賢吾・木下真（2017）「自己資金化と安全引き出し率」『山口経済学雑誌』65⑹，pp.19-44

Bengen, W.P. (1994), Determining withdrawal rates using historical data. *Journal of financial planning*, 7,4 (October), pp.171-180.

Cooley, P.L., C.Hubbard, and D.Walz (2003), A comparative analysis of retirement portfolio success rates: Simulation versus overlapping periods. *Financial service review*, 12⑵, pp.115-128.

Pfau, W.D. (2010) An international perspective on safe withdrawal rates: The demise of the 4 percent rule. *Journal of Financial Planning*, 23⑿, pp.52-61.

Waring, M.B., and L.B.Siegel (2015), The only spending rule article you will ever need. *Financial Analysts Journal*, 71⑴, pp. 91-107.

第III部

地域社会と高齢者ケア・障害者ケア

第10章

わが国地域社会における予防医療のあり方：健康格差の撲滅のために

1 はじめに：わが国の国民医療費の動向とその対策

　国民医療費は，厚生労働省が調査するところの1年間に使われた，傷病の治療に関する費用を表している。その大きさを国民経済のなかで見ると，2015年度で国民所得の11.2%，国内総生産（GDP）の8.3%を占めている。医療費の増加要因には，供給側の要因と需要側の要因がある。前者としては，医療技術の高度化による高額医療機器の使用や，高度先進医療の推進，そして薬剤費の高額化などの要因がある。また過剰なベッド数を背景に入院期間が長期化していることや，出来高払い制度にも後押しされた医師誘発需要などの原因がある。一方で，人口高齢化に伴う社会的入院の常態化や病院のサロン化などが需要側の要因とされている。

　従来から，供給側の要因に着目しながら，医療計画の策定や病院の機能分化によって，医療費をコントロールすることが試みられてきた。こうした観点から，過去の医療計画を振り返ってみよう[1]。

　第1次医療法改正（1985年）では，医療機関の地域的な適正配置を進めるため，都道府県ごとに医療計画を定めることとなり，主に地域ごとの必要病床数などが定められた。

　第2次医療法改正（1992年）では，病院の中でも最先端の高度医療を担う特定機能病院と，逆に長期の療養を中心に提供する療養型病床群が制度上別々に位置付けられ，それぞれ役割が定められた。

　第3次医療法改正（1998年）では，地域の診療所の支援と連携の中核となる

べき地域医療支援病院が位置づけられた。

第4次医療法改正（2000年）において，従来の一般病床から療養病床を切り離した。主として急性期の患者を対象とする一般病床については，看護師の配置を入院患者4人に対して1人から，患者3人に対して1人と手厚くした。

近年では，地域医療に焦点が当てられ，地域医療構想が策定されている。そのうち，病床機能報告制度が特筆すべきものである。それは，急性期，回復期，慢性期の3つのうち，いずれの機能を担うかを都道府県知事に事前報告することを義務付けるものである。病床機能報告制度のもとに，地域医療計画として各地域にふさわしいバランスの取れた医療機能分化と，その連携を推進することとしている。

また，これまでは医療費対策のコアではなかったものの，インフォームド・コンセントやセカンド・オピニオン制度も，適切な情報提供や双方向のコミュニケーションにより患者主体の医療サービスの提供を通じて，医療費の適正化を図る試みである。インフォームド・コンセントとは，医師は治療にあたって病気や治療法について，患者にわかりやすく説明し，同意と納得を得たうえで治療すべきとする施術方針である。この趣旨は既に第3次医療法改正に盛り込まれており，徐々に医療現場に浸透している。続いて，第4次医療法ではカルテ（診療録）などの治療情報の開示も明記された。医師が診療時に記載し5年以上保存が義務付けられているカルテについて，本人等の請求があれば開示されるようになった。さらに最近では，かかりつけ医や家庭医を制度的に導入する動きもあり，医療財政上のゲートキーパー（門番）の役割を期待して，医療行為の無駄を抑えて医療費の適正化を目指している。

現在の重点施策のひとつとして，保健事業の推進が取り上げられる。予防医療や予防介護は治療に勝り，何よりも病気にならないことが大切である，とする発想である。その際に，中心的な役割を果たすのが保健所である。保健所は，健康診断や健康教育などの活動を実施するために，都道府県に置かれる専門機関である。予防医療や健康づくり運動は，これからの医療政策の重点施策であり，医療費抑制の効果を最大限期待されている。そこで本章では，都道府県比較と市町村比較の実証研究も踏まえて，地域社会で望ましい保健事業，予防医療・予防介護のあり方を考察する。

実は，予防医療や予防介護は，社会保険方式によって促進される側面がある。社会保険は基本的に受益者負担原則で運営されており，給付と負担は対応関係にある。負担制約を想定すれば無制限に給付を充実させることはできない。同時に，給付を上手く抑制することができれば，現役就労世代・生産年齢世代の負担を軽減することがかなう。こうしたことから，社会保険方式で運営されているわが国の医療保障では，予防医療・介護を促す側面があることになる。

2 予防医療・予防介護と健康寿命の延伸

2.1 予防医療・予防介護への国の取組み

厚生労働省は，2014年を「健康・予防元年」と位置付け，予防医療・予防介護への取組みを強化している。「国民の健康寿命が延伸する社会」の実現に向けた取組みを進め，具体的には，「生活習慣の見直し」「運動促進」「脳機能低下の抑止」「口腔ケアの充実」を重点施策として展開している。こうした政策は，直接的には医療費や介護費の抑制を目指しているものの，様々な波及効果も期待できる。健康に自信がある高齢者は，地域貢献活動にも積極的であり，また地域での就労機会も増えることになり，地域の活性化や地域福祉へ貢献することになる。個別の家計レベルでは，在職老齢年金を活用して部分就労部分年金を実現することになり，貧困化に歯止めを掛けることになる。社会全体のマクロレベルでも，高齢者が働き手として社会保障を支える側に回ることは，若年・実年就労世代の負担軽減から経済の好循環につながる。いずれにしても，健康投資の活発化は，個人，地域社会そして一国経済にとっても，大きな果実をもたらすものである。

さて，個々の高齢者にとって健康状態の決定要因として，以下のことが挙げられている。なお，カッコ内は具体的に想定される事項である。

- 食生活習慣（個人的習慣と地域特性，個人の健康意識）
- ストレス（ストレスの絶対的大きさと，それに対する耐久性の個人的要因）
- 幼少期の生活状態（家族環境，愛情の多寡などの個人的経験）
- 社会的排除（障害，離婚，病気，犯罪，薬物依存などのレッテル，ラベリングなどの個人的経験）
- 労働状況，労働時間（社会経済的な就労環境，産業や業種・職種別状況，職

業病の存在）
- 失業（社会経済的な就労環境，社会的なセーフティネットの存在）
- 社会的格差（低い教育水準，不安定就労，低所得などの個人的要因）
- ソーシャルサポート（当該地域での共助や互助のあり方）

これらの要因は，個人的習慣や地域の生活環境から，高齢者を取り巻く社会的な環境まで幅広い。近年では，後述するソーシャル・キャピタルの考え方が，社会的環境や地域コミュニティの重要性を説いている。

2.2 「健康寿命」とは何か？

WHO（世界保健機構）が2000年にこの概念を提唱した。平均寿命から日常的・継続的な医療・介護に依存して生きる期間を除いた期間が健康寿命になる。平均寿命は寿命の長さを表しているが，健康寿命は日常的・継続的な医療・介護に依存しないで，自立した生活ができる生存期間を表す。健康寿命が長いほど，また平均寿命に対する健康寿命の割合が高いほど，生活の質が高いと評価される。結果として医療費や介護費の削減にも結び付くことになる。WHOも世界各国の政府や保健医療政策を管轄する行政機関も，健康寿命を延伸し，平均寿命に対する健康寿命の割合を高めることを重要な政策目標にしている。

わが国では，厚生労働省が2011年度と2012年度の厚生労働科学研究によって，その推計方法も含めて，健康寿命を公表している[2]。当該報告書ではその推計基礎をつぎのように明らかにしている。まず，「国民生活基礎調査」における「あなたは現在，健康上の問題で日常生活に何か影響がありますか」との問いに「ない」と回答した者を，日常生活に制限のない者と定める。その割合を，当該回答者が属している性・年齢階級の総数で割ることで，性・年齢階級別の日常生活に制限のない者の割合を求める。この割合を母集団代表の数値として，全ての性・年齢階級に乗じることで，日常生活に制限がない者の人数の総計を求める。その数値を全人口で割り，それを平均寿命に掛けることで，結果的に人口割合が期間に変換されて，日常生活に制限がない期間の平均値が求められるわけである。

国民生活基礎調査では，日常生活への影響について，「仕事・家業・学業」「運動」「外出」そして「日常動作」に分けて聞いている。年代別にみて，若年ないし実年世代では，「仕事・家業・学業」と「運動」への影響が重要であり，

高齢世代では「運動」「外出」そして「日常動作」が必要な情報となろう。村松論文では，年代別に分けて，その指標を2001年，2004年，2007年，2010年と比較している。興味深いことに，実年世代である35歳から44歳では，時系列的にみてほぼ一貫して数値は悪くなっている。それに対して，高齢世代である65歳以上をとると目に見えて数値は改善している。驚くべきことに，これを85歳以上とすると，横這いの「運動」の数値を除けば，この傾向はより顕著になっている。こうしたことから，わが国全体を見通すと，21世紀に入り，「健康寿命」には着実な改善がみられるといえる[3]。

　一方で，わが国の平均寿命，健康寿命はともに，都道府県の間で格差がある。逆にいえば，平均寿命や健康寿命の格差の要因を探ることは，その延伸につながる要因を探り当てることになる。『週刊東洋経済』2015年7月2日号では，健康格差を特集として扱っている。その記事のなかで，浜松医科大学の尾島俊之教授は，わが国の死因1位の癌と脳卒中の罹患率（それによる死亡率），そしてうつ病などの精神疾患が大きく影響していると予測する。平均寿命と健康寿命に影響する脳卒中などは，地域別の栄養素の摂取量との関連も強い。そのため，特定疾病の罹患率，その遠因となる栄養素の摂取量や生活習慣が，健康寿命との関連性が強いことになる。

　こうした目に見える要因に加えて，健康維持や介護予防の県民意識，そしてそれを喚起する行政のサポートも重要な要因であろう。これはたとえば，平均寿命1位の長野県の事例を参照するとよく理解できる。健康先進県長野の取組みとしては，以下のことが挙げられている。

① 在宅医療が行き届いており，病院への平均在院日数が短く，在宅での看取りが多い。

② 元気なお年寄りが多く，65歳以上の高齢者の就業率が高い。つまり，働くことで，記憶力，注意力，言語機能そして状況判断の能力が保たれ，脳の認知機能が維持されることで長生きになる。

③ 地域の公民館活動などが盛んで，コミュニティでの健康意識の啓蒙・啓発活動が活発である。

　ただ，平均寿命の先進県である長野でも，なお健康寿命ではトップテンに入っていない。長野県にとって大きな課題となると同時に，客観値と主観値の

違いがあるとはいえ,両寿命の相違の要因を探ることも健康寿命の延伸研究にとって興味深い。

3 都道府県比較から見えてくるもの

　実際に,健康寿命が長い健康県は,県民医療費も低いだろうか？　そうであれば,健康寿命を伸ばす取組みが,個人にとっても国にとっても有益になる。医療サービス供給側の影響によって平均寿命が伸長するとしても,それが健康寿命の伸長につながらなくては意味がない。逆に,健康寿命が長い県で,総医療費や入院医療費が低いことがわかれば,予防医療・予防介護の取組みは,県民が健康で長生きできるメリットを得られるだけでなく,医療費の削減を通じて国税・地方税と社会保険料の軽減にも寄与することになるのである。別の見方をすれば,それだけ予防医療・予防介護の取組みの費用対効果が高いことにもなり,各県や各市町村が工夫して取り組む余地がそれだけ大きくなるのである。

　まず,入院と通院を含めた県民総医療費と県民入院医療費には当然のことながら,強い相関関係がある。ただし,高齢化率や慢性疾患率など両者に異なる影響を与える要因もあるために,それぞれの医療費の抑止には異なる対策が必要である。また,性別で分けてみると,県別の男性平均寿命と男性健康寿命は両医療費と負の相関関係がある。前者は統計的に有意ではないものの,健康寿命が長いほど,両医療費は明確に減少する(図表10-1, 10-2)。

■図表10-1　男性に関する各種指標の記述統計

記述統計量	平均値	標準偏差	N
県民総医療費	31.190	3.2357	47
県民入院医療費	13.081	2.4377	47
男性平均寿命	79.511	.6224	47
男性健康寿命	71.210	.5805	47

　女性では男性とは異なり,平均寿命が長い県でそれだけ医療費は高くなっている半面,健康寿命が長い県で,通院と入院の医療費は低く抑えられている。厳密な統計的解析は必要であるものの,健康寿命の長期化は,それだけ県民医

■図表10-2　アウトプット指標間の相関関係（男性）

相関関係		県民総医療費	県民入院医療費	男性平均寿命	男性健康寿命
県民総医療費	Pearson の相関係数	1	.948	－.178	－.394
	有意確率（両側）		.000	.227	.006
県民入院医療費	Pearson の相関係数	.948	1	－.140	－.282
	有意確率（両側）	.000		.342	.052
男性平均寿命	Pearson の相関係数	－.178	－.140	1	.391
	有意確率（両側）	.227	.342		.006
男性健康寿命	Pearson の相関係数	－.394	－.282	.391	1
	有意確率（両側）	.006	.052	.006	

療費を抑制する可能性がある（図表10-3，10-4）。

そこでつぎに，健康寿命を伸ばすには，個人と自治体・地域社会は何をすればいいのか？　この点を検討していこう。この点についても，健康寿命に影響する要因を県別データで分析することから始めよう。健康寿命は，遺伝子の長

■図表10-3　女性に関する各種指標の記述統計

記述統計量	平均値	標準偏差	N
県民総医療費	31.190	3.2357	47
県民入院医療費	13.081	2.4377	47
女性平均寿命	86.389	.4189	47
女性健康寿命	74.391	.7079	47

■図表10-4　アウトプット指標間の相関関係（女性）

相関関係		県民総医療費	県民入院医療費	女性平均寿命	女性健康寿命
県民総医療費	Pearson の相関係数	1	.948	.202	－.359
	有意確率（両側）		.000	.169	.012
県民入院医療費	Pearson の相関係数	.948	1	.292	－.227
	有意確率（両側）	.000		.044	.121
女性平均寿命	Pearson の相関係数	.202	.292	1	－.083
	有意確率（両側）	.169	.044		.576
女性健康寿命	Pearson の相関係数	－.359	－.227	－.083	1
	有意確率（両側）	.012	.121	.576	

寿の因子で決まる割合は低く，栄養と運動，そして精神面の健康状態で決定される割合が多くを占める。このうち，前2者には個人や家族の健康意識，関連する情報の取得状況，健診受診率，そして所属している人脈やネットワークが関わってくる。学歴や職場環境，そして所得階層に影響されることにもなる。これに対して，精神衛生面では，管理職ほど自殺率が高いなど，所属する階層よりは個人的なストレス耐久度の影響が顕著である。一方で，高齢者を中心に各種の社会活動やボランティア活動への参加が，精神面で好影響を与えるだけでなく，所属意識や帰属意識を高めるなど，社会的な紐帯が好影響をもつことも知られている。以下では，予防医療・介護，公衆衛生面での政策介入として，国や地方自治体の健康インフラづくりについて考えていく。

千葉大学の医師である近藤克則氏らの研究によれば，東日本大震災の後に，人々の紐帯が強い地域では復興が早かっただけでなく，平均的に見た健康状態が良かったことも知られている。ただし，これには逆の因果関係も成立するのであり，平均的に健康状態が良い地域では日頃から地域活動・ボランティア活動も活発で，それだけ地域の紐帯が強くなることも予期される。このように両者の因果関係に厳密な検証が必要であるものの，地域の紐帯が健康状態に関連していることは紛れもない事実である。

加えて，行動経済学からの示唆もある。タバコの喫煙率や野菜の摂取量などには明らかな所得格差がある。また，正社員と非正規従業員の働き方の相違によっても，両者に目に見える違いがある。タバコは健康に悪い，野菜の摂取が健康には欠かせない，とわかっていても，ストレスが多いことからタバコに手を伸ばしたり，割高な野菜を避けてジャンクフードに頼ってしまう現状がある。健康づくりのための各種の情報が，本来必要な層には届いていない状況もある。単に，健康情報を提供するだけでは非効率で，かつ不十分になる。

一方で，会社や地域などで所属するグループからの影響も大きい。退職した単身高齢者では，地域の紐帯がないと孤独に陥り，大きなストレスを抱えることになる。町ぐるみで健康づくりを考えることで，地域活動・ボランティア活動に従事するだけでも運動になる。高齢者が生活しやすいインフラを目指すことで，引籠りからより活動的な高齢者像を描くことができる。また，貧困だけでなく不健康の連鎖が指摘される現在，地域の学校や公民館，保健所が中心と

なって，子どもの栄養教室，料理教室を展開するだけでも，連鎖の一部は食い止められる。このように，国民の健康づくりには，国や市町村の関与を欠くことはできず，ハードとソフトの両面でのインフラづくりが喫緊の課題である。

さて，先行研究によれば，健康寿命の決定要因は，個人・家族要因と社会的要因に分類されている。前者の要因として，「生活習慣病」「喫煙・飲酒習慣」「食塩・野菜・緑茶の摂取量」「牛乳乳製品の摂取量」「運動の程度」「家族状況」「生活保護の受給状況」「ストレスの程度」が挙げられる。社会的な要因としては，「高齢者の有業率」「図書館・公民館の数」「公害状況」「降水状況」「県民所得とジニ係数」が取り上げられている[4]。

まず，男性の健康寿命については，統計的有意に関連している要因は野菜の摂取量と核家族割合のみであり，前者はその伸長に寄与し，後者はその短期化をもたらしている（図表 10-5，10-6）。喫煙率は健康寿命を短くすることになるものの，都道府県比較では統計的有意性はない。また生活習慣病のもとになる肥満率についても符号はマイナスであるものの統計的有意性は極めて低く，運動の状況も同様である。ここでは所得格差の指標は取っていないものの，平均所得だけでは，健康寿命との関連性はみられない。

一方，女性の健康寿命についても，その決定要因は明確ではない。世帯所得や家族構成などはほぼ関連性は確認できなかった。確かに，野菜と塩分の摂取

■図表 10-5　決定要因の記述統計（男性）

記述統計量	平均値	標準偏差	N
男性健康寿命	71.210	.5805	47
平均所得 2011	2,687.00	374.030	47
核家族割合	39.267	3.0377	47
男性自殺率	31.1133	3.91861	47
離婚率	1.7963	.21986	47
交通事故発生率	538.510	205.0618	47
男性喫煙率	37.704	3.3718	47
男性肥満率	31.610	5.5755	47
男性歩数	7,002.67	538.666	47
男性野菜摂取	303.52	26.959	47
男性塩分摂取	11.854	.6710	47

第 10 章 わが国地域社会における予防医療のあり方：健康格差の撲滅のために 139

■図表 10-6 男性寿命の決定要因

相関関係		男性健康寿命	平均所得 2011	核家族割合	男性自殺率	離婚率	交通事故発生率	男性喫煙率	男性肥満率	男性歩数	男性野菜摂取	男性塩分摂取
男性健康寿命	Pearson の相関係数	1	.031	−.294	−.238	.153	.163	−.217	−.088	.083	.324	.159
	有意確率（両側）		.833	.043	.104	.301	.268	.138	.551	.576	.025	.280

量とは統計的有意な関連性がみられたものの，後者については健康寿命を延伸するように作用しており，仮説とは異なるものとなっている（図表10-7, 10-8）。

このようにサンプル数が過少なこともあり，十分な統計的な検証結果は得られなかった。時系列データやパネルデータなど，データ加工上の工夫によって，

■図表 10-7 決定要因の記述統計（女性）

記述統計量	平均値	標準偏差	N
女性健康寿命	74.391	.70793	47
平均所得 2011	2,687.00	374.030	47
核家族割合	39.267	.0377	47
女性自殺率	12.7644	1.88099	47
離婚率	1.7963	.21986	47
交通事故発生率	538.510	205.0618	47
女性歩数	5,987.17	973.749	47
女性野菜摂取	286.04	27.060	47
女性塩分摂取	10.083	.5766	47

■図表 10-8 女性寿命の決定要因

相関関係		女性健康寿命	平均所得 2011	核家族割合	女性自殺率	離婚率	交通事故発生率	女性歩数	女性野菜摂取	女性塩分摂取
女性健康寿命	Pearson の相関係数	1	−.102	−.066	.060	−.137	.044	−.001	.348	.348
	有意確率（両側）		.491	.655	.688	.354	.768	.994	.015	.015

健康寿命の決定要因を明確にしていく作業が要る。さらに，市町村データなど，より小地域での統計的解析も必要とされることになる。これらの点は今後の課題としたい。

4 ソーシャル・キャピタルの充実による健康まちづくり

近時の公衆衛生学の知見からは，家族・友人間で，一人が肥満になると他の人にも伝搬することが「科学的事実として」知られている。つまり，健康には周囲の環境が大切になる。また，人口密度が高く，ソーシャル・キャピタルが充実していない犯罪が多い地域では，肥満の割合が高いことも海外の実証研究から明らかにされている。こうしたことから，予防医療の領域でも，地域の環境を健康的なものに変えていく，健康関連のソーシャル・キャピタルの重要性が指摘されている。

前述の健康寿命は，所得水準や職業でも異なることが知られている。このとき，健康格差は，異なる階層内で発生するものと，同一階層間で発生するものがあり，さらに後者は個人間の属性やし好の相違によって異なることになる。

国民皆保険が実現しており，わが国の医療保険制度が強制加入の普遍主義の仕組みであることから，本来こうした健康格差，健康寿命格差は小さいはずである。しかしながら，依然として健康格差が大きい現状がある。健康格差は単に余命や健康寿命に影響するだけでなく，所得水準や高齢期の雇用状況，そして生き甲斐にも影響するなど，生活の質全般に関わりをもつ。また，家族の健康も然りである。こうしたことから，個人的要因や地域的・職業的要因に加えて，社会的要因も加味しながら，その改善策を立てる予防医療・予防介護の重要性は益々高まることになる。

そこで，各地域で実施されている事例を調査し，またその効果を検証していくことが喫緊の課題となる。こうした事例研究とその検証に基づいた政策展開が切に望まれている。ただ，効果が検証されている政策とはいえ，その一般普遍性が保証されるわけではない。各特定地域での成功事例から，様々な政策手段を実施していくことは，必ずしも効率的なやり方とはいえない。そこで，理論的な枠組みを用意してそれを援用することが期待されるものの，公衆衛生分野での取組みは実践的な側面が強く，従来は社会経済的な枠組みが用意される

ことは稀であった。

　そこで，こうした領域にソーシャル・キャピタルの考え方を適用することは，理論的妥当性が確立していない状況であっても，なお筋道だった思考を貫徹できる意味で極めて有用である。ソーシャル・キャピタルと健康の関係について，そのルートは古典的な文献に整理されている。ソーシャル・キャピタルは近隣の人々のネットワークから生じるリソースであり，それは地域の文化的・歴史的背景，産業構造，そして地域住民の異動性などに影響を受ける。また一時点での人口構成，性別・世帯構成，居住環境そして社会構成によっても影響されることになる。

　同時に，ソーシャル・キャピタルは，地域的な凝集性やつながり，そして価値観の共有化など有形・無形のネットワーク資産としても把握される。ソーシャル・キャピタルの存在によって，住民間の相互扶助が自生しそれへの積極的な参加から，ネットワーク内での健康などに関する情報の共有化が図られ，事故・犯罪そして災害時の迅速な救助ネットワークが構築されていることは，明らかに地域住民の健康状態にプラスの影響をもたらすことになる[5]。ただ，これは平均値の議論でもあり，ソーシャル・キャピタルが誰にでも開かれた普遍的なものでないためにリソースへの制限やその格差が生じ，それだけ影響や関連性は希薄になる。地域内における個人属性のばらつきなどを無視しており，いくつかのリソースは年齢，性別，家族形態や持ち家状況によって左右されることが一般的である。

　事実，有形・無形のネットワーク資産やリソースの量と質に，前述の社会経済的要因と個人属性やその構成が影響を与えること大である。たとえば高所得者や高資産保有者が多く住む地域では，それだけ政治的影響力が強くなり，地元議員などへの働き掛けを通じて，住民利益の実現のために共同歩調が取りやすいことも指摘されている[6]。これらの要素要因により，有形・無形のネットワーク資産やリソースと，住民の健康状態や健康寿命との関連性は不明確なものとなる[7]。さらに，多くの実証分析結果は，有形・無形のネットワーク資産やリソースの影響は小さく，貧困，失業，地方自治体の財政悪化による政策不全などの影響が大きいことも示唆している[8]。

　先行研究からの暫定的な結論は，ソーシャル・キャピタルが健康におよぼす

良い影響はあったとしてもわずかであり，調査対象地域における極度の貧困や失業，財政制約による政策不全の影響がそれを打ち消す可能性が高いことである。また，ソーシャル・キャピタルは外気のように全ての人に平等に利用機会が開かれているわけではなく，リソースのアクセスには格差が生じていることである。こうした事実は，実証研究の障害になるだけでなく，ソーシャル・キャピタル自体の概念を検証不可能な曖昧模糊とした存在にしてしまう。つまり，同一地域で健康格差が生じているのは，何もソーシャル・キャピタルが存在しないからではなく，逆にそれが存在していることが格差をもたらしている危険性さえ指摘できるのである。加えて，狭い近隣で助け合いが実施されているケースは確かにあるものの，社会的な異動が頻繁になればなるほど，個人がもつより広いネットワークや，所属する職場でのネットワークによってリソースへのアクセスが確保される可能性は高まる。それに応じて，地域資源のみに限定したソーシャル・キャピタルの概念は健康に対して限定的な影響しかもちえないことになる。

　しかし一方で，こうした限界が存在することは事実であるものの，なおソーシャル・キャピタルは各種のリソースを通じて，地域住民の健康に一定の効果をもつことも実証されている。そこで以下では，大阪府内の自治体に限定して，実証的な研究を試行しよう。

　以下，図表10-9から10-19では，大阪の市町村をわかりやすく4分割することで，ソーシャル・キャピタル指標と，様々なアウトカムの関連性を捉えている。比較的文化的親和性が高いとみなされる地域として，北摂を表す「豊能・三島地区」，北部の「北河内地区」，中部の「中・南河内地区」そして南西部の「泉北・泉南地区」に分割して特長をみた。

　ソーシャル・キャピタル指標は代理変数も含めて「近所づきあいの程度」「住み続けたい住民の割合」「犯罪の発生率」「交通事故の発生率」として，他方で様々なアウトカム指標として「住民一人当たり医療費（対全国数値との比較）」「出生率」「女性の平均寿命」「ゴミのリサイクル率」を取り上げ，両者の関係性を考察した。両者に介在する制御変数（環境変数）として，「65歳以上人口割合」，健康政策に影響する「市の財政力」そして産業動態の一指標として「失業率」を取り上げた。なお，ソーシャル・キャピタルを示す指標のうち，

「近所づきあいの程度」「住み続けたい住民の割合」はアンケート調査の結果から割り出している[9]。

　図を見るとわかるように，高い数値の地区を濃く，低い数値の地区を薄い色にした。若干の相違はあるものの，「近所づきあいの程度」と「住み続けたい住民の割合」が濃い地区で「犯罪の発生率」と「交通事故の発生率」の色は薄くなっており，両者が整合的な指標であることがわかる。また，アンケート調査結果である主観的指標で客観的指標を置き換えることも妥当に思われる。そこで，「近所づきあいの程度」でソーシャル・キャピタル指標を代表させ，検討を加えてみよう。

　まず，「近所づきあいの程度」の度合いが地域住民間の紐帯を強めることは，それだけ共通の意識として環境問題などにも関心を高め，行政を動かしてリサイクル率も高まることが予期される。4地区の数値比較上，両者は正比例しており，正の相関性がみられる。この点は個別市町村の数値で順位相関をとっても確かめられる。つぎに，こうした地域住民の紐帯が，地域の互助や相互扶助活動を通じて子育てしやすい環境づくりに貢献するのであれば，出生率にも正の効果をもつはずである。この点については，明確な関係性は図からもみられない。順位相関の結果からも，北摂を表す「豊能・三島地区」が異常値となり，良好な結果が得られていない。環境変数とした「市の財政力」がこの地域では高く，それだけ子育て支援策も平均的に見れば充実している。ただし，共働き世帯が多いことや三世代同居率が低いことがマイナスの影響を及ぼしている可能性が高い。ここで取り上げた数値に表れない，夫婦の出生に関する意思決定が強い影響をもつので，地域住民間の紐帯は限定的な効果しかもちえないと考えられる。厳密な検証が必要なことは言を俟たない。

　最後の「住民一人当たり医療費（対全国数値との比較）」との関係は，見かけ上，予期した結果とは反対になっている。ソーシャル・キャピタルを指し示す数値が高いほど，住民一人当たり医療費も高くなってしまっている。医療費を高める要因が主に長期入院にあるとすると，ソーシャル・キャピタルが高いことは必ずしも健康な住民を作ることに寄与していないことになる。加えて，環境変数である「65歳以上人口割合」が必ずしも医療費を押し上げているとまでいえず，この要因の関与を取沙汰することもできない。ただし，医療費，と

くに入院医療費には，需要側の要因に加えて，供給側の要因も色濃く影響している。大阪府の場合も例外ではなく，医療費が高い市町村では，高額医療機器を有する専門的な中核病院が多く，そのことが医療費を高めている側面がある。今回はこうした攪乱要因を制御することはできなかったので，今後の課題として取り組みたい。純粋な需要要因に特化して，ソーシャル・キャピタルの影響を検証することが大切になる。

なお，本来であれば「平均寿命」や「健康寿命」との関連性を捉えたかったものの，近隣効果もあり，同一都道府県内では大きな相違は生まれにくい。そのため，このたびの考察では対象から外さざるを得なかった。全国的なアンケート調査を敢行することで，先の課題と合わせて，この問題に取り組んでいきたい。また計量手法としても，単純な回帰分析や順位相関ではなく，より因果関係を明快にできる共分散構造分析（パス解析）などを活用したい。

■図表 10-9　犯罪発生率

- 豊能・三島地区 1.37%
- 北河内地区 1.88%
- 中・南河内地区 1.58%
- 泉北・南地区 1.85%

■図表 10-10　交通事故の発生率

- 豊能・三島地区 0.48%
- 北河内地区 0.51%
- 中・南河内地区 0.52%
- 泉北・南地区 0.62%

第10章 わが国地域社会における予防医療のあり方：健康格差の撲滅のために　145

■図表10-11　失業率

- 豊能・三島地区 6.87%
- 北河内地区 8.51%
- 中・南河内地区 7.20%
- 泉北・南地区 7.72%

■図表10-12　市の財政力

- 豊能・三島地区 0.82
- 北河内地区 0.70
- 中・南河内地区 0.59
- 泉北・南地区 0.74

■図表10-13　出生率

- 豊能・三島地区 1.28
- 北河内地区 1.35
- 中・南河内地区 1.26
- 泉北・南地区 1.41

■図表10-14　ゴミのリサイクル率

- ■ 豊能・三島地区 16.5%
- □ 北河内地区 17.9%
- ■ 中・南河内地区 15.4%
- ■ 泉北・南地区 13.8%

■図表10-15　女性の平均寿命

- ■ 豊能・三島地区 86.5歳
- ■ 北河内地区 86.0歳
- ■ 中・南河内地区 86.0歳
- ■ 泉北・南地区 85.9歳

■図表10-16　65歳以上割合

- ■ 豊能・三島地区 22.5%
- □ 北河内地区 22.3%
- ■ 中・南河内地区 23.1%
- ■ 泉北・南地区 22.5%

第10章 わが国地域社会における予防医療のあり方：健康格差の撲滅のために　147

■図表 10 – 17　住み続けたい率

- 豊能・三島地区 65%
- 北河内地区 52%
- 中・南河内地区 58%
- 泉北・南地区 68%

■図表 10 – 18　近所づきあい

- 豊能・三島地区 50%
- 北河内地区 47%
- 中・南河内地区 31%
- 泉北・南地区 46%

■図表 10 – 19　住民一人当たり医療費の全国割合

- 豊能・三島地区 1.02
- 北河内地区 0.96
- 中・南河内地区 0.94
- 泉北・南地区 1.02

5　おわりに：地域特性に根差した予防医療

　高齢社会の到来とともに慢性疾患率は上昇傾向にある。高齢者の場合には一病息災ともいわれるものの，糖尿病や癌につながる生活習慣病によって，健康寿命は縮減することになる。そこでこれまで以上に，生活習慣病予防のための特定健康診査や特定保健指導などの保健事業が大切になる。生活習慣病が原因となる医療費が全体の8割近くを占めることから喫緊の課題である。

　ただ元来，こうした保健事業には PA（Population Approach）と HA（High Risk Approach）があり，一方のみで高い効果を挙げることが難しいことも事実である。そのために，両者を上手く組み合わせる発想が要る。前者は家庭や地域への普遍的な介入政策であり，地域住民への啓蒙・啓発的な色彩が強い。後者は選別的な個別的対策であり，予防と治療を一体化した保健指導活動である。特定健康診査への受診率が伸び悩んでいる状況では，その向上のためのインセンティブ策を欠くことはできない。そのため，従来は費用対効果が高いとみなされてきたものの，自覚症状が希薄な生活習慣病対策としては限界もある。また，職域では上手く機能しているものの，地域社会では十分に浸透していないとしたら，普遍的な介入政策の手助けも必要となる[10]。

　また，ハイリスク・アプローチが画一的なものである限り，地域特性に根差した取組みが難しいことも事実である。健康寿命に都道府県格差が大きい状況では，その元凶を突き止めて地域毎の特性に応じた介入政策も是とされることになる。その意味で，地域住民の生活に基づく対応策が不可欠になり，欧米の地域福祉で推進される小地域主義が求められる所以である。行政が主導して，地域に根を張る企業の協力も得ながら，また保健師，民生委員や福祉委員などの専門職の力も借りて，地域住民が主体となって企画していくことが望ましい。こうした方策は地域医療計画の中に位置づけられ，地域特有の資源・リソースを加味して，地域福祉政策として推進されるべきである。こうした方向性は，とくに地域での認知症対策などに活かされることになる。

　ポピュレーション・アプローチでは，公衆衛生分野のソーシャル・キャピタルが重要になってくる。欧米で検証と実験が進められたこのアプローチは，今後，アジア諸国でも必要になってこよう。国や地域に特徴的なソーシャル・

キャピタルによって，このアプローチが規定される側面がある一方で，その有効性については国や地域での検証を経る必要がある。予防医療・予防介護を巡るわが国の新たな挑戦は，後追いするアジア諸国にとって問題解決への光明と独自の課題を与えながら，貴重な知見を提供することになろう。

（石田成則）

注

1 椋野・田中（2017）pp.67-68。
2 村松（2012）p.3。ただし，この論文にも指摘されるように，他の推計方法も考えられる。実は，「国民生活基礎調査」では，現在の健康状態を問う質問もあり，こうした主観的な数値を用いることもできる。また，より客観的な指標として，通院や要介護状況を活用することも考えうる。さらに客観的手法としては，こうした健康状態と就労状況を併せて指標化することも考えられる。いずれにしても，将来的にはいくつかの手法が比較検討され，より実態に即した，ないしは政策提言に有益な指標が確立されるべきである。
3 林（2013）p.3。わが国政府自身も第2次の健康日本21において，「健康寿命の延伸」と「健康格差の縮小」を大きな目標に掲げ，とくに平成25年に男性の健康寿命71.19歳，女性の健康寿命74.21歳であるところ，その延伸を図るべく，平均寿命の延伸分を上回る健康寿命の延びを期待している。
4 田辺・鈴木（2015）pp.204-207。
5 イチロー，スブラマニアン，キム（2008）pp.137,165。さらに，p.145には，リソースの具体事例が記載されている。
  1）子どもの世話，車の乗り合い，家の保守・修繕，情緒的サポート，金銭の貸し借り，について互いに助け合うこと。
  2）仕事，社会奉仕や職業訓練プログラム，健康，医療，子育てに関する情報を共有すること。
  3）たがいの資産や安全性の見張りをしたり，犯罪や非行活動を監視して報告したり，子どもに目を配ったりすること。
  4）地域の組織化や社会奉仕を目的とする，非公式・公式な組織（町内会，地域委員会，コミュニティ組織など）の広がりと質，活動の自発性。
6 イチロー，スブラマニアン，キム（2008）p.169。
7 「明確な理論にもとづかない状況において，健康アウトカムを近隣のリソースに関する膨大な測定項目と単純に回帰させるのでは，ソーシャル・キャピタルが健康におよぼすメカニズムについての理解を深めることはほとんどできないだろう」（イチロー，スブラマニアン，キム（2008）p.145）
8 イチロー，スブラマニアン，キム（2008）pp.162-174における実証分析結果の紹介を参照のこと。「より影響が大きい貧困，失業，機会の喪失，恐怖といった社会経済変数の方が，コミュニティに対する誇りや帰属意識に付随して健康増進につな

がる行動や情緒面での反応よりも重要であることを全体として指摘している。」「やはり健康への影響を考えると，低所得者にとっての失業，経済状況の悪化，財政的セーフティネットの弱体化といった要因に比べると，ソーシャル・キャピタルの影響はごくわずかなものであると考えられた。」（ともに p.165）
9　詳しくは，関西大学石田ゼミナール（2016）pp.218-223 を参照のこと。
10　ハイリスク・アプローチが非効率とされるのは，生活習慣病では特定のリスク要因の高い集団よりも，そうでない集団からの発症数が圧倒的に多いことにもよる。

引用・参考文献

関西大学石田ゼミナール（2016）「地域コミュニティの再生における住民参加型在宅福祉の役割」『損害保険研究』78(2)，pp.213-231

田辺和俊・鈴木孝弘，(2015)「平均寿命および健康寿命の都道府県格差の解析：非線形回帰分析による決定要因の探索」『季刊・社会保障研究』51(2)，pp.198-210

林玲子（2013）「日本における健康寿命の推移」『平成 25 年度厚生労働科学研究報告書』

松田亮三・近藤克則（2007）「健康格差と社会政策：政策内容と政策過程」『公衆衛生学会誌』56(2)，pp.18-24

椋野美智子・田中耕太郎（2017）『はじめての社会保障（第 14 版）』有斐閣

村松容子（2012）「『健康寿命』の伸長には若い頃からの健康改善が重要」『ニッセイ基礎研究所　保険・年金フォーカス』7月8日号，pp.4-8

『週刊東洋経済』2015 年 7 月 2 日号

イチロー・カワチ，S.V. スブラマニアン，ダニエル・キム編著（藤澤由和・高尾総司・濱野強監訳）(2008)『ソーシャル・キャピタルと健康』日本評論社

イチロー・カワチ，高尾総司，S.V. スブラマニアン編著（近藤克則・白井こころ・近藤尚己訳）(2013)『ソーシャル・キャピタルと健康政策』日本評論社

第11章

地域社会の変遷と持続可能性

1 はじめに：過疎化と地域社会

　地方における過疎化や少子高齢化が問題になってから久しい。近年では，大野による一連の限界集落研究が『限界集落と地域再生』(2008) の市販化によりマスコミにも広く取り上げられるようになった。一般的にもよく知られているが，大野 (2008) の定義によると，「限界集落」とは65歳以上の高齢者が集落人口の50％を超え，社会的共同生活の維持が困難な状態にある集落を指す（大野，2008, p.21）。

　さらに，特定の地域だけでなく，日本全体の人口も2008年をピークに減少傾向が続いている。そのため，日本創成会議の座長である増田が編集した『地方消滅』(2014) や一連の関連した著書もまたマスコミに大きく取り上げられるようになった。増田は地域別の20歳〜39歳の女性人口の減少に着目し，地方におけるこの層の社会減（増田編，2014, pp.23-25）と，この層が集中している都市部（特に東京）における極端に低い出生率（増田編，2014, pp.33-34）を問題視した。

　もちろん地域ごとの特性もあるので，高齢者の比率や出生率だけでは，地域社会の持続可能性について一律に語ることはできない。しかしながら，「限界集落」や「地方消滅」はマスコミを通してのインパクトがあまりにも大きかったため，山下のような一連の反論もまた出版された（山下，2012, pp.28-32，山下，2014, pp.12-13）。特に山下 (2014) が指摘しているように，通勤・通学・子育て・介護等のため，自治体を跨いで生活している人々が増えているので，

住民票やセンサスのデータのみでは居住の実態を十分把握できないのも現状である（山下，2014，pp.247-248）。

とはいえ，マクロ的な動向を調べるためにはこれらのデータも不可欠である。そのため，本章では地域社会の変遷に関する事象のうち，医療や福祉に関するものを総務省や厚生労働省等のマクロ的なデータについて概観する。その後，後半部では医療や福祉関係の先行研究の中に見られる個別のケースを用い，地域社会の変遷に関するミクロ的な現状をいくつか紹介したい。

2　統計から見た人口動向

まず初めに，日本における戦後の総人口の変遷を見ていく。図表11-1は人口増減数と人口増減率を示したものだが，2005（平成17）年に死亡数が出生数を上回った後停滞し，2010（平成22）年にわずかながら人口が増加したものの，その後は人口の減少が続いている。

■図表11-1　日本における人口増減数と人口増減率

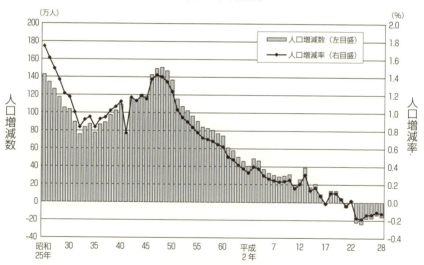

（注）人口増減率は，前年10月から当年9月までの人口増減数を前年人口（期首人口）で除したもの
（出所）総務省（2017）『人口推計（平成28年10月1日現在）』p.1

戦後の日本は移民など国外との人口流動が比較的少ないため，人口減の主な

■図表 11-2　諸外国の合計特殊出生率の推移（単位：％）

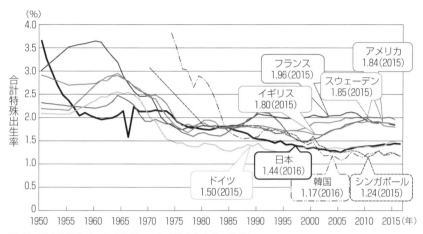

（出所）厚生労働省（n.d.）「諸外国の合計特殊出生率の推移」
（http://www.mhlw.go.jp/file/06-Seisakujouhou-12600000-Seisakutoukatsukan/hikaku2014.pdf, 2017年7月28日閲覧）

■図表 11-3　日本における年齢別人口比（単位：％）

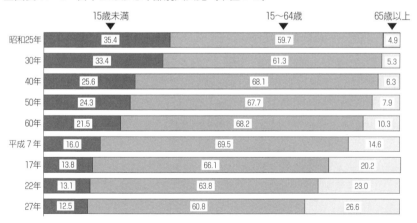

（出所）総務省（2017）「我が国のこどもの数」（統計トピックス No.101），p.3

原因は少子化である。1970年代の前半までは日本の合計特殊出生率は人口の維持に最低限必要な2以上であったが，現在では韓国やシンガポールと同様に少子化が著しい（図表11-2）。10年前と比べると少しは改善したが，2016年の日本の合計特殊出生率は1.44％である。逆に日本における65歳以上の人口

の割合は年々増加している（図表11-3）。1950（昭和25）年時点で4.9％であった65歳以上の人口は2015（平成27）年には26.6％まで上昇している。

3 統計から見た地域格差

過疎化と高齢化は多くの地域にとって大きな問題になっている。2016年現在，日本において人口が増加している都道府県は首都圏と愛知県，福岡県，沖縄県のみである（図表11-4）。人口が増加している都道府県のうち，出生率の高い沖縄県以外は主に社会増による若い年齢層の人口増加であるため，人口が減少している多くの地域では同時に高齢化が問題になっている。

若年層の東京への移住に加えて，近年では東京都から他県への高齢者の移住

■図表11-4　都道府県別人口増減率（2016年）

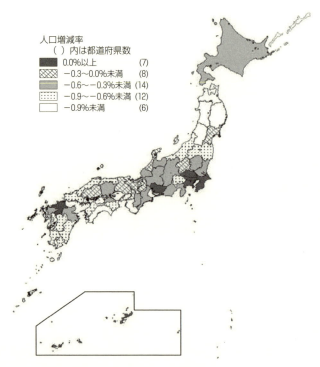

（出所）総務省（2017）『人口推計（平成28年10月1日現在）』p.8

■図表11-5　高齢者の都道府県別移動（平成26・27年）

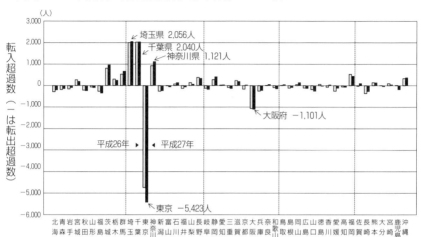

(出所) 総務省（2016）「統計から見た我が国の高齢者」（統計トピックス No.97），p.5

も著しい（**図表11-5**）。つまり，図表11-4で人口が減少している都道府県で，なおかつ図表11-5にて高齢者の移住人口が増加している場合，医師不足など，地元社会における社会増による高齢化の影響がより強いことが想定される。

　先述の地域別の人口の増減のうち，自然増（減）に関しては出生率の増減や死亡率の増減，平均寿命の増減など，様々な要因が考えられる。他方，平時において，社会増（減）の主要な要因として，景気の動向や産業構造の変化，雇用の機会，就学の機会，医療の機会などが考えられるが，これらは経済的な影響が少なくない。地域間の経済格差が大きな要因となる過疎化や医療・福祉等の公共セクターの人材不足に対し，政策的に対応することも少なくない。

　医療・福祉の分野では，1972年の自治医科大の設立（主に医師不足の自治体からの支援）や，1973年の一県一医大構想（1981年の琉球大学医学部開設で完成）など，地域格差への対応が行われてきた（前田，2014，p.2）。近年では，2006年の「新医師確保総合対策」以降広まった諸大学の医学部における地域枠の拡充など，医師数の地域格差対策が取られている（堤，2017，p.8）。

　しかし，**図表11-6**に見られるように，東北地方や東京都周辺の県など，

■図表 11-6 2014 年における人口 10 万対医療施設従事医師数

（出所）総務省統計局（n.d.）「人口 10 万対医療施設従事医師数の年次推移，従業地による都道府県－指定都市・特別区・中核市（再掲）別」
（https：//www.e-stat.go.jp/SG1/estat/GL08020103.do?_toGL08020103_&listID=000001141060&requestSender=dsearch，2017 年 7 月 28 日閲覧）より筆者作成

人口当たりの医師数は地域によって偏りがあるのが現状である。離島部を除くと交通機関が発達している東京都とその周辺の県の場合，東京の医療機関に籍を置く医師が非常勤で近隣の諸県に定期的に通っている場合も考えられる。しかし，交通の不便な遠隔地でなおかつ人口当たりの医師数が少ない場合，隣県の医師による兼務は困難であるため，深刻な医師不足が想定される。

4　医療・福祉政策の変遷

次に，医療・福祉政策の移り変わりと当時の社会背景について，いくつかの文献を参考にまとめたい。戦後における医療政策の歴史的な変遷をまとめた専門書として山路（2013）『戦後日本の医療・福祉制度の変容』が挙げられる。戦後日本の医療政策の根本である「医療法」を挙げると，1948年に制定された同法はGHQの指導によって制定されたが，その後の社会状況の変化に伴い，大きく改定されてきた（山路，2013，p.100）。さらに，山路（2013）によると，1958年に改正された「国民健康保険法」により国民皆保険体制が同年から導入され，1961年に完成したが，その背景として高度経済成長とそれに支えられたいわゆる終身雇用制度の役割が大きかったとしている（山路，2013，pp.36-38）。

4.1　高度経済成長期〜オイルショック

高度経済成長期は先述のように日本全体の若年層の人口比が高かったのに加え，医療や福祉関連の財源に恵まれていた。他方，高度経済成長期には農村部から都市部への人口移動が若年層を中心に著しくなった。1963年に「老人福祉法」が制定され，介護を必要とするにもかかわらず居宅において養護を受けることが困難な高齢者を入所対象とした特別養護老人ホームが導入された（平成19年版　厚生労働白書：p. 7）。当時は地域的には格差があったものの，全国的には財源が十分であったため，1972年の老人福祉法の改正により，高齢者の医療の無料化が達成されている（山路，2013，p.66）。

しかし，1973年のオイルショックは，景気低迷と産業構造の転換をもたらした。同1973年には福祉充実のための財源拡充と健康保険法の改正が行われていたが，オイルショックによる財政状況の悪化に伴い，健康保険制度は1977年に再度改正が行われた（山路，2013，pp.70-72）。さらに，1980年の健康

保険制度の改正では薬剤費の2分の1の自己負担を含む財政調整が行われた（山路，2013，pp.72-73）。一時は無料化が達成された高齢者の医療も，「老人保健法」が1982年に成立し，高齢者医療費の一定額を患者が自己負担するようになった（平成19年版　厚生労働白書：p.18）。高齢者の医療費の自己負担については，1987年から数次にわたり負担定額を引き上げ，2000年に定額から定率1割に，2002年に現役並み所得者を2割とする改正が行われている（平成19年版　厚生労働白書：p.19）。

オイルショック後の医療・福祉政策は，限られた財源下での医療の高度化という二律背反に直面した。1985年の医療法改定では当時の市町村単位の一次医療圏，広域市町村圏単位の二次医療圏，都道府県単位の三次医療圏の設定が行われ，質的な分化が試みられた。同時に一般病棟から単価の安い老人保健施設への転化が試みられたが，5年間の移行期間があったため，結果として病院側のいわゆる「駆け込み増床」の現象が起こった（山路，2013，pp.100-102）。

4.2　バブル経済崩壊後

それでも1980年代後半のバブル経済期は現在よりは財政的に余裕があったが，1991年のバブル経済崩壊後はさらに財源が厳しくなった。1992年の医療法の改定では特定機能病院・療養型病床群の制度化が進み，急性期医療を必要としない，いわゆる「社会的入院患者」への対策が行われた（山路，2013，pp.103-105）。当時，3か月が急性期と慢性期の区分の目安になった（村上，2007，p.134）。

1997年の医療法の改定ではかかりつけの開業医の紹介を伴う地域医療支援病院が創設された（山路，2013，pp.106-108）。地域医療支援病院の在院日数は14日が数値目標とされた（村上，2007，p.134）。2000年の医療法の改定では一般病床と療養病床との区分を見直し，病床区分の届出を義務付けた（山路，2013，pp.108-109）。さらに，1997年の「介護保険法」の制定に伴い，2000年には介護保険制度が施行されたが，2006年の医療法の改正では医療と介護の連携の名の下，療養病床の大幅な削減計画が行われた（山路，2013，p.109）。医療と介護の分化が進み，病院での療養病床を減少させる一方，在宅ケアを含む地域包括ケアが注目されるようになってきた。

他方，介護の分野から福祉政策の変遷を研究した例として，朴（2014）『地

方自治体の福祉ガバナンス』が挙げられる。朴は福祉政策に関する3つの時代区分を行っている。第一期は1980年代の公的責任の縮小期，第二期は中央政府から自治体への権限委譲が進んだ1990年代，第三期は福祉サービスの多元化が進んだ2000年代以降である（朴，2014，p.59）。

第一期では介護分野で大きな政策変化は見られなかったが，高齢化が深刻化した第二期では1989年の「高齢者保健福祉推進10か年戦略（ゴールドプラン）」やそれを改良した1994年「高齢者保健福祉5か年計画（新ゴールドプラン）」が実施され，地域における施設や在宅福祉の基盤整備が行われた（朴，2014，pp.60-61）。同時期には「高齢社会対策基本法」（1995年）や先述の介護保険法が成立している（得津，2007，p.40）。

その後，1999年12月に「今後5か年の高齢者保健福祉施策の方向（ゴールドプラン21）」が策定され，先述の介護保険制度の施行や改正に見られるように，行政による「措置」から「契約」への変化，行政サービスの営利企業への開放が進んだ（朴，2014，pp.62-63）。介護保険制度の2005年の改正では「予防重視型システムへの転換」や「施設給付の見直し」が行われ，2011年の改正では「医療と介護の連携の強化」，「介護人材の確保とサービスの質の向上」，「高齢者の住まいの整備」，「認知症対策の推進」，「市町村（保険者）による主体的な取り組みの推進」が行われている（福祉医療機構：web）。

4.3 高齢化と少子化

なお，高齢化と少子化は強く関係しているため，高齢化問題を根本的に解決するためには少子化を解決しなければならない。堤（2008）によると，日本の高齢化問題はそれよりも先に少子化が起こり，その解決を先送りしたことが問題を大きくしたとしている（堤，2008，p.91）。先述のように日本における出生率は1970年代にすでに2を割っており，1989年には丙午の1966年よりもさらに少ない「1.57ショック」を経験した（堤，2008，p.91）。少子化対策として，ようやく1994年にエンゼルプラン，1999年に新エンゼルプランが策定された（堤，2008，pp.104-105）。

他方，濃野（2007）によると，国連の「児童の権利に関する条約」を1994年に日本が批准したことにより，子どもの人権や家族支援が重要な課題になっていた（濃野，2007，p.58）。しかしながら，戦後の1947年に制定された「児

童福祉法」は半世紀たち，現状に対応できなくなっていた。1997年に「児童福祉法等の一部を改正する法律」が成立し，保育所入所の選択や児童福祉施設の再編が行われるようになった（農野，2007，p.59）。先述の高齢社会対策基本法より遅れるが，2003年には「次世代育成支援対策推進法」や「少子化対策基本法」が成立し，2004年には「子ども・子育て応援プラン（新・新エンゼルプラン）」が策定されている（農野，2007，p.61）。

　しかしながら，たとえ出生率が上がったとしても，出生後の子育てのための問題は少なくない。2006年に「就学前の子どもに関する教育，保育等の総合的な提供の推進に関する法律」（いわゆる「認定こども園法」）が制定され，2012年には「子ども・子育て支援法」が制定された。同2012年には認定こども園法もまた一部改正されている（内閣府：web）。ただし，都市部において保育所不足や小学校低学年の児童に対する放課後学童保育の不足などが続いている（図表11-7）。特に東京都における待機児童問題は2016年の時点でも著しい（図表11-8）。

■図表11-7　保育所と学童保育の不足

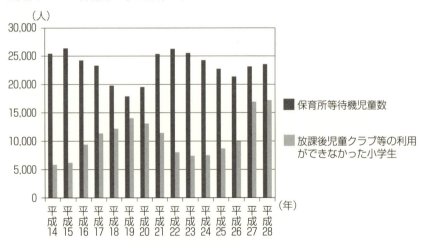

（出所）内閣府（2017）「仕事と子育て・介護の両立の状況」
（http://www.gender.go.jp/about_danjo/whitepaper/h29/zentai/html/honpen/b1_s03_02.html，2017年7月28日閲覧）より筆者作成

■図表11-8　待機児童数（2016年）

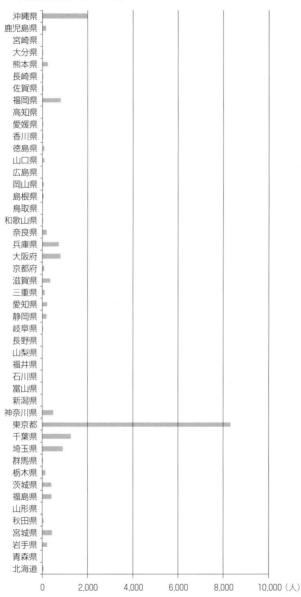

（出所）厚生労働省（2016）「保育所等関連状況取りまとめ」
　（http://www.mhlw.go.jp/stf/houdou/0000135392.html, 2017年7月28日閲覧）より筆者作成

5　近年の医療・福祉政策

　近年の医療・福祉政策に関する研究は多数存在するが，比較的広い分野をカバーしている概説書として島崎（2015）『医療政策を問いなおす』が挙げられる。たとえば，近年の大きな政策上の変化として，2014年に成立したいわゆる「医療介護総合確保推進法」（「地域における医療及び介護の総合的な確保を推進するための関係法律の整備等に関する法律」）により，医療法や介護保険法などの関連法が一括して改正された（島崎，2015, pp.158-159）。

　そのうち，旧「地域における公的介護施設等の計画的な整備等の促進に関する法律」は上記の正式名と紛らわしいが，「地域における医療及び介護の総合的な確保の促進に関する法律」に改正された。同法により，地域包括ケアの定義規定が設けられ，現状だけでなく，法的にも医療が地域包括ケアの構成要素として明記された（島崎，2015, pp.158-159）。

　地域包括ケアは「医療・看護」，「介護・リハビリテーション」，「保健・予防」の専門的なサービスから構成されている。島崎は住み慣れた「地域」，生活全体を支える「包括性」に加え，患者の状態の変化に応じた柔軟性を備えた「継続性」を重視している（島崎，2015, pp.160-161）。

　なお，近年注目を浴びている地域包括ケアであるが，個々の諸問題は以前から存在していた。たとえば，地域包括ケアのうち，在宅ケア自体は古くから存在する。そのため，1971年に東村山市にて「寝たきり老人訪問看護事業」が開始され，他の地域でも実践的に発達していった。1981年には在宅自己注射指導管理料，1994年には在宅末期総合診療料が設定されている（島崎，2015, pp.161-162）。

　地域包括ケアの研究として，二木（2015）『地域包括ケアと地域医療連携』が挙げられる。二木によると，1970～80年代の時点では在宅ケアは入院医療よりも安価だと考えられていた（二木，2015, p.185）。そのため，先述のように，コスト削減のため，医療機関での病床が削減され，在宅ケアへの転換が試みられてきた。しかしながら，施設のような規模の経済が働かないことや，介護のための休職や自宅のバリアフリー化などのコストがかかるため，二木によると近年では在宅ケアの方が割高であるという研究が増えている（二木，2015,

pp.186-188)。

　二木によると，在宅ケアはコスト的にメリットが少ないのにもかかわらず，2003 年に「2015 年の高齢者介護」や 2009 年の「地域包括ケア研究会報告書」など，政府関連の文章にて述べられてきた（二木，2015，pp.22-23）。さらに，地域包括ケアもまた，介護分野だけでなく，先述のように医療分野でも重視されるようになった。急性期後の在宅医療が注目され，2014 年の診療報酬改定では「地域包括ケア病棟入院料」が新設された（二木，2015，p.31）。

　さらに，在宅ケアには介護を行う家族の心身的な負担が大きいというデメリットもある。たとえば，近年高齢者が高齢者を介護する「老老介護」が問題になっている。日本経済新聞によると，介護が必要な 65 歳以上の高齢者を 65 歳以上の人が介護する世帯の割合は 2016 年には 54.7％に達した。同年，75 歳以上の後期高齢者同士の割合も 3 割を超えている（図表 11 − 9）。特に後期高齢者の場合，共に認知症を抱えている場合もあるので，何らかの措置が必要であるが，たとえば子育て世代の共働きの夫婦（共に一人っ子）が東京に住んでおり，夫の両親が秋田，妻の両親が大分に住んでいる場合，家族の努力だけでは解決が困難である。現在共働き世帯は多数派であり，このような事例は少なからず考えられる（図表 11 − 10）。

■図表 11 − 9　老老介護世帯の割合（2016 年）

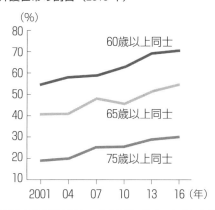

（出所）日本経済新聞（2017）「65 歳以上同士の老老介護，最高の 54％に」『日本経済新聞』平成 29 年 6 月 27 日付朝刊

■図表 11 – 10　共働き世帯数（農林業除く）

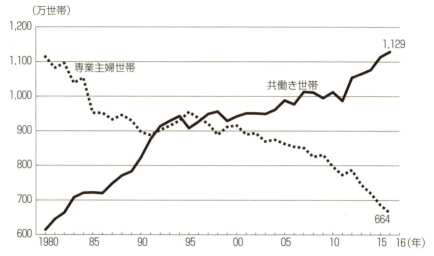

（出所）労働政策研究・研修機構（n.d.）「専業主婦世帯と共働き世帯」
（http://www.jil.go.jp/kokunai/statistics/timeseries/html/g0212.html，2017 年 7 月 28 日閲覧）

　なお，地域包括ケアなどきめ細やかなケアを実施するためには，財源の確保に加え，人材の確保もまた重要である。しかしながら，先述のように都道府県別の三次医療圏でも医師数の地域格差が見られるが，二次医療圏以下のより細かい地域ではさらに著しい地域格差が存在する。もちろん地域医療は医師だけでなく，看護師やその他のコメディカルの人材によって支えられている。

　少子高齢化に伴う医療・福祉の人材不足に対応するため，外国人労働者もまた視野に入れられるようになってきた。たとえば，2006 年 9 月に署名された日フィリピン経済連携協定（EPA）により，フィリピン人の看護師・介護福祉士の候補者に対し，研修・就労等が認められるようになった（平成 19 年度　厚生労働白書：p.289）。インドネシアから 2008 年，フィリピンから 2009 年，ベトナムから 2014 年に EPA による看護師・介護福祉士の受け入れを開始している（国際厚生事業団：web）。しかしながら，日本人看護師・介護福祉士の人材不足がそもそもの原因であるため，雇用条件の改善が日本人・外国人を問わず，今後の大きな課題である。

6 おわりに：少子高齢化に対する今後の課題

「限界集落」や「地方消滅」が注目されているように，少子高齢化によって地域社会を維持していく状況は年々厳しくなっている。人口減はもはや一部の地域の問題ではなく，日本の総人口自体も減少するようになった。他方，高齢化に伴う医療費の増額は財政を圧迫しており，そのため医療と介護の関係が長年問われ続けてきた。

日本のように移民の割合が少ない国にとって，高齢化を緩和するのには少子化を解消することが根本的な課題である。しかし，最大の人口を抱える東京は極端に出生率が低く，さらに待機児童問題など，子育てに関する様々な問題を抱えている。他方，一部の地域では，生産年齢人口の減少と財源不足による医療機関の統廃合が問題になってきている。

近年，個々人のニーズを満たすことができる（であろう）と地域包括ケアが期待されている。しかしながら，地域包括ケアのうち，在宅ケアは規模の経済が働かないため，施設ケアよりもコスト高になり，なおかつ多くの看護師や介護福祉士などの人材が必要である。人材不足の解消のため，外国人看護師・介護福祉士が注目されるようになってきたが，外国人・日本人を問わず，多くの人が働きたくなり，なおかつ仕事を続けたくなるような労働環境を整備していくことが大きな課題として残されている。

（朝水宗彦）

引用・参考文献

大野晃（2008）『限界集落と地域再生』京都新聞出版センター
厚生労働省（n.d.）「インドネシア，フィリピン及びベトナムからの外国人看護師・介護福祉士候補者の受入れについて」
　（http://www.mhlw.go.jp/stf/seisakunitsuite/bunya/koyou_roudou/koyou/gaikokujin/other22/index.html，2017年8月25日閲覧）
国際厚生事業団（n.d.）「EPA 外国人看護師・介護福祉士受入れのあらまし」
　（https：//jicwels.or.jp/?page_id=16，2017年8月25日閲覧）
島崎謙治（2015）『医療政策を問いなおす』筑摩書房
堤健造（2017）「医師不足の現状と対策」『調査と情報』954，pp.1-13，国立国会図書館
堤マサエ（2008）「少子化の社会的背景と人が育つこと」堤マサエほか編『地方からの

社会学』(pp.90-117) 学文社
得津慎子 (2007)「家族機能の変容とそれに対する社会福祉」小田兼三ほか『人口減少時代の社会福祉学』(pp.35-46) ミネルヴァ書房
内閣府 (n.d.)「子ども・子育て支援新制度とは」
(http://www8.cao.go.jp/shoushi/shinseido/outline/, 2017年8月25日閲覧)
二木立 (2015)『地域包括ケアと地域医療連携』勁草書房
農野寛治 (2007)「少子化社会における子ども家庭福祉の実施体制」小田兼三ほか『人口減少時代の社会福祉学』(pp.58-68) ミネルヴァ書房
朴姫淑 (2014)『地方自治体の福祉ガバナンス』ミネルヴァ書房
福祉医療機構 (n.d.)「これまでの介護保険制度の改正の経緯と平成27年度介護保険法改正の概要について」
(http://www.wam.go.jp/content/wamnet/pcpub/top/appContents/kaigo-seido-0904.html, 2017年8月25日閲覧)
前田由美子 (2014)「医学部定員増員後の医師数の見通し」(日医総研ワーキングペーパー No.313) 日本医師会総合政策研究機構
増田寛也編 (2014)『地方消滅』中央公論新社
村上須賀子 (2007)「医療ソーシャルワークの今後の可能性」小田兼三ほか『人口減少時代の社会福祉学』(pp.134-143) ミネルヴァ書房
山路克文 (2013)『戦後日本の医療・福祉制度の変容』法律文化社
山下祐介 (2014)『地方消滅の罠』筑摩書房
山下祐介 (2012)『限界集落の真実』筑摩書房

第12章

地域包括ケアシステムと公私連携

1 はじめに：入所ケアから在宅ケアへ

日本の医療において，看取りの場は病院が中心であった。しかし，増大する医療費が医療保険料上昇等を通じて現役世代の負担を増し，医療費の増加の抑制が課題となる中で，欧米諸国に比べると長い入院日数を短くすることが課題となった。また，高齢者の気持ちとしても，住み慣れた場所で老いていきたいという願いは，欧米諸国においてエイジング・イン・プレイスという理念が広まるなど，国際的に共通するものである。

このため，近年の日本の医療政策においては，在宅医療を強化し，看取りの場を自宅にすることが課題となっている。従来の日本の社会保障は個人のニーズに着目して整備されてきたが，医療も福祉も在宅ケアを強化する傾向が強まり，地域ケアが重要視されるようになってきた。

本章では，在宅医療と在宅介護の統合を柱とする地域包括ケアシステムについて取り上げる。地域包括ケアシステムにはいくつかの論点があり，たとえば医療と福祉の専門職の連携も重要な課題であるが，本章においては公私連携を中心に述べることにしたい。

2 地域包括ケアシステムの概況

2.1 地域包括ケアシステムのポイント

我が国では欧米諸国を上回るスピードで高齢化が進んでおり，2025年には団塊の世代（約800万人）が75歳以上となり，医療や介護の需要がさらに増大

することが見込まれる。このため，厚生労働省は2025年を目途に，高齢者の尊厳の保持と自立生活の支援の目的のもとで，可能な限り住み慣れた地域で，自分らしい暮らしを人生の最期まで続けることができるよう，地域の包括的な支援・サービス提供体制（地域包括ケアシステム）の構築を推進している[1]。

地域包括ケアシステムは2011年の介護保険制度改正によって法律上位置づけられたが，当時の担当局長であった宮島俊彦氏によれば，地域包括ケアシステムは，日常生活圏域[2]におけるサービスの提供体制であり，主要なサービスは，予防，介護，医療，生活支援，住まいの5つからなっている[3]。

地域包括ケアにおいては，在宅医療と在宅介護を統合することが重要な要素であり，多職種連携の推進などが課題として挙げられる。医療と福祉の連携の重要性は古くから言われているが，必ずしも連携が進んでこなかったことから，医療と福祉の縦割りを乗り越え，在宅医療と在宅福祉を有機的に連携させることは重要である。在宅ケアを受ける要介護高齢者のニーズを多角的に把握し，様々な支援を適切に組み合わせることが望まれる。

しかし，地域包括ケアの特徴として注目されるのは在宅医療と在宅介護の統合だけではない。要介護状態の者が地域で暮らしていくための生活支援，換言すれば入所ケアにはない在宅ケア固有の支援が盛り込まれている部分にも注目すべきである。

図表12-1は，地域包括ケアシステムの5つの構成要素（住まい・医療・介護・予防・生活支援）の関係を示したものであるが，地域における生活の基盤となる「住まい」「生活支援」をそれぞれ，植木鉢，土と捉え，専門的なサービスである「医療」「介護」「予防」を植物と捉えている。植木鉢・土のないところに植物を植えても育たないのと同様に，地域包括ケアシステムでは，高齢者のプライバシーと尊厳が十分に守られた「住まい」が提供され，その住まいにおいて安定した日常生活を送るための「生活支援・福祉サービス」があることが基本的な要素となり，そのような養分を含んだ土があればこそ初めて，専門職による「医療・看護」「介護・リハビリテーション」「保健・予防」が効果的な役目を果たすものと考えられている。

地域包括ケアシステムの土台となる土と植木鉢である住まいと生活支援については，公私連携が重要であり，地域包括ケアシステムがうまく機能するかど

■図表12-1　地域包括ケアシステムの捉え方

（出所）平成25年3月　地域包括ケア研究会報告「地域包括ケアシステムの構築における今後の検討のための論点」

うかにとって重要な要素であることは，後で詳しく述べることにしたい。

2.2　地域によって異なる地域包括ケアシステム

　従来の制度では，在宅医療にしても在宅介護にしても，全国一律の基準により，ケアが提供されてきた。しかし，地域包括ケアシステムは地域の実情に応じて設計される。たとえば上述した日常生活圏域についても，中学校区を基本とするという目安は示されたが，実際にどのように圏域を設定するかは市町村に委ねられた。

　市町村の取り組む姿勢，財政状況，地域資源の状況などによって，近隣する市町村においても，地域包括ケアシステムの内容は異なるものになることが予想される。

3　家族介護者の変化

3.1　男性介護者の増加

　高齢者の在宅ケアの状況については，大きな変化が生じている。かつては家

族介護者の大半は女性であり，介護保険が創設された目的の一つは，女性を家族の介護から解放することであった。しかし，近年では男性介護者が大幅に増加し，総務省（2012）によれば，15歳以上でふだん家族を介護している人は682万9千人であり，女性が415万4千人（60.8％）と多いが，男性も267万5千人（39.2％）おり，家族介護者の約4割は男性である[4]。

男性介護者が増加した背景としては，少子化が進み，親の介護が分担できる兄弟の人数が減少したことに加え，一生結婚しない人が増加する未婚化の影響が大きいと考えられる。

国立社会保障・人口問題研究所（2017）によれば，男性の生涯未婚率[5]は1980年には2.60％に過ぎなかったが，2000年には12.57％と1割を超え，2010年には20.14％と2割を超え，2015年には23.37％にまで上昇し，今や男性のほぼ4人に1人は一生結婚しなくなっている。女性の生涯未婚率は男性より遅れて上昇しているが，2010年には10.61％と1割を超え，2015年には14.06％と，やはり急速に上昇しつつある。

かつての日本社会では，親の介護は，実子のほかに息子の妻が担うことも多かった。しかし，結婚していない場合には子どもが介護を担うほかはない。

また，家族の規模が縮小したことも，男性介護者の増加につながっていると考えられる。かつては兄弟姉妹で親の介護を分担することが一般的であったが，少子化に伴って兄弟姉妹の数が減り，一人っ子が増えている。このため，かつては子どもの中でも娘が主として親の介護を担ってきたと考えられるが，息子が介護を担うケースが増えてきたと思われる。

3.2　ダブルケアの問題

内閣府男女共同参画局（2016）では，未就学児が少なくとも一人以上おり，かつ，40歳以上の手助け・見守りを必要とする者が少なくとも一人以上いる世帯を「ダブルケアを行う世帯」と定義している。

結婚年齢・出産年齢の上昇に伴い，かつては育児が一段落してから親の介護をするケースが多かったが，育児と介護を同時に行うダブルケアは近年増加していると考えられる。

そして，内閣府男女共同参画局（2016）は，被介護者からみた続柄を特定し，ダブルケアを行う世帯における「主な介護者」を「ダブルケアを行う者」とし

て集計している．それによれば，就業構造基本調査より推計されるダブルケアを行う者の人口は約25万人（うち女性16.8万人，男性8.5万人）と推計されている[6]。

ダブルケアを行う者の平均年齢は男女とも40歳前後であり，育児のみを行う者の平均年齢よりやや高く，介護のみを行う者の平均年齢と比べると約20歳低い．ダブルケアを行う者のうち，男性の約9割は「仕事が主である」有業者であるが，女性の約半数は無業者，約25%は「家事が主である」有業者であり，男女の違いは際立っている．ダブルケアに直面する前に就業していた者のうち，ダブルケアに直面したことにより「業務量や労働時間を減らした」者は男性で約2割，女性では約4割となっており，うち離職して無職になった者は男性では2.6%にとどまるのに対し，女性では17.5%にのぼる．このように，ダブルケアに直面したことにより，働き方を変えざるを得なかった女性が多いことが窺える．しかし，ダブルケアを行う無業女性の63.3%は就業を希望しており，環境が整えば働く意欲のある女性は多い．

ダブルケアと仕事を両立させるためには，職場の理解や家族の支援など様々な要素が必要となってくる．また，地域包括ケアシステムにおいて，家族介護者の支援を強化し，中でも育児と介護のダブルケアを担う者がいることを視野に入れた支援を行うことが望まれる．

4 個人のニーズに加え，家族のニーズに着目したケア

4.1 個人のニーズに着目してきた日本の社会保障制度

日本の社会保障制度は，対象者個人のニーズに着目して整備されてきており，介護保険制度もまた，要介護高齢者個人のニーズに着目してきた．

ここで，少し日本の社会保障制度の歴史を振り返ることにしたい．

我が国に本格的に社会保障制度が整備されるのは戦後である．引揚者など生活に困る人が多かったことに着目した生活保護法，戦災による身体障害者が多かったことに着目した身体障害者福祉法，そして戦災孤児が多かったことに着目した児童福祉法が整備され，福祉三法体制と呼ばれた．その後，高齢者，知的障害者，母子寡婦を対象にした法律が整備され，福祉六法体制と呼ばれた．生活保護が世帯ベースであるほかは，いずれも対象者個人のニーズに着目した

制度である。そのことは法律の名称が対象者の名称から始まることにも象徴されている。

　日本で個人に着目して社会保障制度が発達してきた理由について，厚生官僚であった荻島（1992）は，戦前の「家制度」や恩恵的福祉を否定しようという当時の連合国総司令部（GHQ）の強い意向を反映したものであること，その結果，我が国の社会保障制度には，個人主義的な考え方を基本とし，どちらかといえば家族や地域の役割を軽視するスタイルが定着したことを指摘し，このような考え方に基づく制度体系を「個人救済型社会保障制度」（パーソナルケア・パーソナルサポート型）と呼び，個人を家族や家庭から分離して給付やサービスの対象としていこうという考え方であると指摘したうえで，家庭機能やコミュニティ機能の援助，支援，条件整備などの方向で給付やサービスを拡大していこうとする家庭・地域支援型（ファミリーサポート・コミュニティサポート型）の社会保障政策を志向すべきであることを提言している[7]。

4.2　在宅ケア重視の流れ

　戦後整備された日本の社会保障制度は入所ケア中心であり，病気になれば病院に入院し，加齢に伴って要介護状態になれば特別養護老人ホーム等に入所してきた。しかし，デンマークから世界に広まったノーマライゼーションの理念に沿って，ハンディキャップのある人も社会から隔離された入所ケアよりも，なるべく在宅ケアを利用して地域で暮らしていくほうが良いという考え方が広まっていった。高齢者については，住み慣れた地域で年老いていこうというエイジング・イン・プレイスの理念が提唱され，障害者についても脱施設が望ましいという声があがっていった。

　したがって，ある程度重度の要介護状態の人でも地域で暮らせるように在宅ケアを充実しようとする地域包括ケアが導入されたことは，時代の要請であったともいえる。

4.3　家族介護者の支援

　しかし，入所ケアとは異なり，在宅ケアでは家族に一定の負担がかかる。一方，日本では人間関係が希薄化して社会的孤立が進行し，育児や介護を家族が行う際，私的なサポートを受けることは難しくなっている。

　このため，従来のような個人のニーズに着目した支援も引き続き必要ではあ

るが，子どもや要介護高齢者のケアを行う家族のニーズにも応える制度へ転換していく必要があると考えられる。

上述したように，地域包括ケアシステムは従来の介護保険制度とは異なり，国が定めた内容を地方が実施するのではなく，地域の実情に応じて設計される。したがって，地域の創意によって家族介護者の支援を充実することも可能であると考えられる。市民と連携して家族を支援する体制を構築できるかどうかは地域の取り組みにかかっている。

家族支援策の具体例としては，たとえばドイツの介護保険制度が挙げられる。ドイツの介護保険制度では，在宅生活を送る要介護高齢者の家族を支援するために，現金給付だけではなく，介護を行った期間を年金給付計算に反映し，介護中の怪我などが労災保険の対象となるなど社会保障制度全体における配慮がなされており，またレスパイトケアとしての介護休暇の仕組みも設けられている[8]。ドイツのように充実した家族介護者の支援を行うことは，介護保険制度全体に関する今後の課題であると考えられる。

5 地域包括ケアシステムにおける公私連携

地域包括ケアシステムの柱の一つとして位置づけられている「住まい」と「生活支援」は，医療や福祉の専門家ではなく，市民ボランティアが中心となって活躍することが期待される分野であり，自治体と市民との連携が重要である。図表12-1においても，生活支援については，NPOなど地域のプライベートセクターとの連携が必要なことが示されている。

以下，それぞれの分野について，なぜ公私連携が重要であるのかを考察することにしたい。

5.1 住まいについて

地域包括ケアシステムは入所施設に暮らす入所ケアとは違い，自分の住居に住み続ける在宅ケアであることから，住まいが重要な要素となるのは必然ともいえる。在宅ケアにおける住まいといえば，バリアフリーなどハード面に注目されがちであるが，ハード面のみならず，見守り支援などのソフト面も重要となる。たとえば，高齢者は賃貸住宅の契約から排除されやすい。白川（2014）は，管理会社が管理する物件では高齢者の入居制限を行っている比率が47％

にのぼり，その理由として，死亡事故に伴う様々な問題に対する不安があることを指摘している[9]。貸主のこうした不安を軽減するためには，見守り支援などにより，いわゆる孤独死のリスクを減少することが必要である。ところで，見守り支援は，自治体の職員や福祉の専門家が実施することはマンパワーやコストの面から現実的ではなく，地域住民が主体となる必要がある。このため，公私連携が重要である。

5.2 生活支援について

要介護状態の高齢者が地域で暮らしていくには，医療や介護などの専門的なケアのみならず，買物の支援，住宅のメンテナンスの支援など，日常生活における様々な支援が必要である。地域包括ケアシステムを推進するには，そうした生活支援の充実が重要である。

日常的な生活支援は，かつての日本では家族や地域社会が自然に担っていたと思われる。しかし，現在の日本では人間関係は希薄化し，地域における支え合いの機能は低下している。高齢者についても近所の人や友人との人間関係が薄れており，在宅ケアを受ける高齢者が周囲から支援を得ることは容易ではない。

内閣府男女共同参画局（2016）は日本，アメリカ，ドイツ，スウェーデンの高齢者の生活の意識に関して国際比較調査を行ったものであるが，「病気のときや，一人ではできない日常生活に必要な作業が必要なとき，同居の家族以外に頼れる人がいるか」という問いに対し，各国の高齢者が「近所の人」と答えた比率は以下のとおりである。

　　ドイツ　　　… 42.2%
　　スウェーデン … 31.2%
　　アメリカ　　… 24.6%
　　日　本　　　… 18.3%

また，同じ問いに「友人」と答えた比率は以下のとおりである。

　　アメリカ　　… 45.0%
　　ドイツ　　　… 45.0%
　　スウェーデン … 43.4%
　　日　本　　　… 18.5%

かつて欧米は個人主義，日本は集団主義といわれていたが，このように，欧米諸国の高齢者のほうが日本の高齢者よりも近所の人や友人に頼れる人がいることが分かる。今では日本のほうが人間関係は希薄化し，困ったときに助け合うことの難しい社会になっている。

生活支援の担い手は，地域住民のボランティアなどが想定される。

生活支援を充実するには，自治体が上から指示を出しても，うまくいかないと思われる。実際に生活支援を担う市民がむしろ主体となり，自治体がバックアップするような形での公私連携を推進することが望ましいと考えられる。

6 介護の社会的孤立

6.1 未婚の息子による介護

地域包括ケアシステムの推進に当たり，考慮すべき問題として，介護の社会的孤立が挙げられる。一生結婚しない男性が増加したことは上述のとおりである。そのことはまた，高齢者と未婚の息子が同居する世帯の増加にもつながっている。

同居する親がいつまでも元気でいてくれれば良いが，加齢に伴い要介護状態になると，同居する未婚の子は家族介護者となる。上述したように男性のほうが女性よりも生涯未婚率は高いことから，親を介護する未婚の息子が増えていると思われる。

あるいは若い世代の男性では料理などの家事スキルは向上しているかもしれないが，中高年の男性では一般的に家事スキルは女性に比べると低いと思われる。家事スキルの低い男性が仕事をしながら親の介護を行い，家事もこなすことは容易なことではないと考えられる。介護休業制度はあるものの，休業期間は93日と短く，取得率も低い。仕事と介護の両立が困難になり，仕事を辞めざるをえないケースが多いことは，藤本（2012）において指摘した[10]。

こうしたケースは，最近では「介護離職」と呼ばれる。

6.2 高齢者の虐待

介護離職は，経済的に不安定になることに加えて，家族介護者が職場の人間関係も失うことにもつながる。特に仕事中心の生活を送ってきた男性の場合，困ったときに助けてもらえるような友人づきあいや近所づきあいを行っていな

いケースも少なくないと思われ，介護離職が介護の社会的孤立につながるおそれがある。

　そして，誰にも助けてもらえない状態で親の介護を続けることに疲れ果ててしまい，誰にも相談できずに追い詰められた最悪の結果として，高齢者の虐待が起きることが懸念される。

　高齢者の虐待に関する平成26年度の厚生労働省の調査結果[11]によれば，被虐待高齢者からみた虐待者の続柄は**図表12-2**のとおりである。

　最も多いのは「息子」（40.3％）である。次に多い「夫」（19.6％）や「娘」（17.1％）と比べても息子の占める比率は突出している。

■図表12-2　被虐待者から見た虐待者の続柄

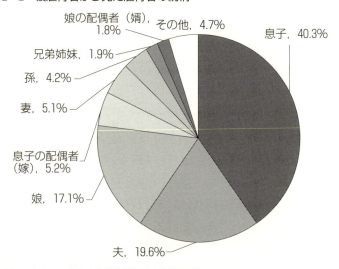

（出所）「平成26年度　高齢者虐待対応状況調査結果概要」p.14

7　おわりに：在宅ケアにおける公私連携の重要性

　本章では，在宅ケアを重視する潮流の中で，在宅医療と在宅介護を統合する地域包括ケアシステムが登場したが，地域包括ケアシステムにおいては家族介護者の支援が重要であり，家族介護者の支援を強化するためには公私連携が重要であることを述べた。

地域包括ケアシステムは全国一律の仕組みではなく，地域の実情にあわせて設計される。多くの地域において，公私連携が推進され，家族介護者の支援が充実し，介護離職や高齢者の虐待が減少することを願う。

（藤本健太郎）

注
1 厚生労働省ホームページ
（http://www.mhlw.go.jp/stf/seisakunitsuite/bunya/hukushi_kaigo/kaigo_koureisha/chiiki-houkatsu/，2017年8月1日閲覧）
2 中学校区を基本として，市町村介護保険事業計画において市町村が定める圏域
3 宮島（2013）p.15
4 総務省（2012）p.35
5 生涯未婚率は45～59歳の未婚率と50～54歳の未婚率の平均値を指している。
6 内閣府男女共同参画局（2016）p.6
7 荻島（1992）p.34
8 ドイツの介護保険制度の詳細については，藤本（2008）を参照されたい。
9 白川（2014）pp.68-69
10 藤本（2012）p.47
11 平成26年度高齢者虐待の防止，高齢者の養護者に対する支援等に関する法律に基づく対応状況等に関する調査結果

引用・参考文献
荻島國男（1992）「第一部 高齢化社会の社会保障政策の課題」荻島國男・小山秀夫・山崎泰彦編著『年金・医療・福祉政策論』社会保険新報社
国立社会保障・人口問題研究所（2017）『人口統計資料集』（2017改訂版）
白川泰之（2014）「社会保障としての住宅政策」藤本健太郎編著『ソーシャルデザインで社会的孤立を防ぐ』（pp. 64-90）ミネルヴァ書房
総務省（2012）『平成23年度社会生活基本調査：生活時間に関する結果・要約』
内閣府男女共同参画局（2016）『育児と介護のダブルケアの実態に関する調査報告書』
宮島俊彦（2013）『地域包括ケアの展望』社会保険研究所
藤本健太郎（2008）「ドイツ」増田雅暢編著『世界の介護保障』（pp. 55-69）法律文化社
藤本健太郎（2012）『孤立社会からつながる社会へ』ミネルヴァ書房

第13章

医療機関における障害のある患者への配慮や支援

1　はじめに：障害者差別は解消されたのか

　2016年4月1日から障害者差別解消法（正式名称「障害を理由とする差別の解消の推進に関する法律」）が施行された。これにより医療機関においても障害のある患者への差別禁止と合理的配慮の提供が求められるようになった。では実際に障害者差別解消法は，医療機関における障害のある患者への配慮や支援をどのように変化させたのであろうか。この章では，2つの医療機関を対象とする事例調査をもとにこの点を検証してみたい。まずは医療分野における障害者差別や偏見の実態を確認することから始める。

2　医療分野における障害者差別や偏見

　障害のない人たちにとって，障害のある人たちが社会生活を送る上で何らかの差別や偏見で苦しんでいるということは頭の中で漫然と理解することはできるかもしれないが，それが医療の領域にまで及んでいるとは思いも寄らないかもしれない。しかし，実際にはこの領域においても障害のある人たちは差別や偏見で苦しんでいる。ここでは，その証左として「福岡市に障がい者差別禁止条例をつくる会」が行ったアンケート調査の結果（2015）を見てみたい。

　「福岡市に障がい者差別禁止条例をつくる会」は2014年4月1日から7月22日にかけて福岡市在住の障害のある人やその家族・関係者を対象に障害を理由として「いやな思いをした」，「悔しい思いをした」，「理不尽な対応を受けた」，「不利益にあつかわれた」などの経験を出来るだけ詳しく記述するように

■図表13-1　医療分野における障害者差別と偏見の実態
～「福岡市に障がい者差別禁止条例をつくる会」のアンケート調査（2015）より　～

【直接差別】
- 胃透視検査を受けに行ったところ，耳の聞こえない人はコミュニケーションができないので他の病院に行ってくれと言われた。（聴覚障がい者）
- 風邪で内科を受診した時，精神科に通院していると言ったら診察を拒否された。（精神障がい・統合失調症）

【合理的配慮の不提供】
- 2004年，息子が22歳の時，原因不明の高熱と耳の腫れで公立病院に入院した際，熱が出ると嘔吐と下痢を伴いやすいので夜間も付き添わせてほしいとお願いしたが規則でできないとのこと。看護師長，主治医に精神科の医師も加わり対策が検討され，オムツ使用の提案があり「トイレに連れて行ってほしい」とお願いしたら，精神科の医師から「それなら睡眠薬で眠らせたらいい」と言われた。この処理は障がいのない患者さんにも同じようにされるのですかと聞いたら「でも障がいがあるんでしょう？」と言われた。（13番染色体異常による知的障がい）

【暴言・嫌がらせ（ハラスメント）・虐待】
- 1歳半検診健診の際，まだお座りできない息子に立って測る大人用の体重計が使用され，グラグラした状態での計測となった。また，保健師から配慮なく「この病気でまだ通院中ですか？」と聞かれ，「一生治りませんから」と答えるしかなく号泣して帰った。（プラダーウィリー症候群）

【無理解・偏見】
- 病院の待合室で騒いでしまったら，しつけが悪いと他の患者にどなられた。待つことが苦手な子どもを理解してほしかった。（広汎性発達障がい）

（出所）福岡市に障がい者差別禁止条例をつくる会（2015）pp.12-14より著者が作成

求めた。その結果1,148名の人たちから1,132にのぼる事例が報告された。

　これら事例は日常生活のあらゆる場面に及んでいたが，同会はこれを①福祉・医療，②商品・サービス・不動産・建物・交通機関，③労働，④教育，⑤情報・コミュニケーション・政治・司法・資格・コミュニティ・社会・その他の5つの分野に分けて最終報告している。また差別や偏見の実態も①直接差別，②間接差別，③合理的配慮の不提供，④暴言・嫌がらせ（ハラスメント）・虐待，⑤無理解・偏見の5類型に分けて報告している。**図表13-1**は①福祉・医療分野の中の医療領域において報告された差別・偏見の5類型のうち該当例のなかった間接差別を除く4類型に関して，その代表的事例を障害種に配慮しながらひとつ，ないし2つ示したものである。

　直接差別の事例は障害を理由に診察自体が拒否されたケースである。合理的配慮不提供の事例は家族による夜間付添いのお願いを病院側が認めなかったた

めに医師による暴言・嫌がらせとまで思えるような発言に及んだケースであるが，これとは逆に本来は求めていけない入院時の付添いを障害児・者の場合は暗に求められることがあり，それが障害のある人にとっての入院障壁になっているとの指摘もある（江川，2014）。暴言・嫌がらせ（ハラスメント）・虐待の事例は，もしかするとそれほど悪意のある行為や発言ではなかったのかもしれないが，障害当事者にとっては号泣するぐらいのショックと苦痛をともなうものであり，ゆえに暴言・嫌がらせ（ハラスメント）・虐待に該当する。無理解・偏見の事例は，待合室で起こった発達障害児に対する他の患者からの怒鳴り声である。医師や看護師など医療スタッフが直接関与していないが，待合室で起こっている以上は医療機関側が何らかの対処をしないといけない事案である。

このように障害のない人にはあまり知られていないが，障害のある人は医療の領域においても差別や偏見で苦しんでいる。その結果，もしも医療行為を受けることを断念したり躊躇したりするような行動をとってしまえば，場合によっては命にもかかわる事態もありえるだけに，この状況は是が非でも改善・解消していかなければならない。この点，今，期待を寄せられているのが障害者差別解消法である。

3 障害者差別解消法

障害者差別解消法は，日本が国連の障害者権利条約（正式名称「障害者の権利に関する条約」）に批准するために行った2011年8月の改正障害者基本法，その中の「差別の禁止」を謳った第四条，具体的には第一項「障害を理由とする差別等の権利侵害行為の禁止」，第二項「社会的障壁の除去を怠ることによる権利侵害の防止」，第三項「国による啓発・知識の普及を図るための取組」の3つの項を具体化した法律である（内閣府，2014，p.2）。以下，医療分野での施行を意識しながらこの法のポイントを幾つか指摘する。

3.1 目的

障害者差別解消法は，親規定の改正障害者基本法と同じく「全ての国民が，障害の有無によって分け隔てられることなく，相互に人格と個性を尊重し合いながら共生する社会の実現」（第一条）に資することを目的としており，そのために障害者差別の禁止や合理的配慮の提供など，障害を理由とする差別解消

推進のための基本的事項や措置等を定めている。

3.2 対象となる障害者

同法において差別禁止や合理的配慮提供の対象となる障害者は幅広い。「継続的に日常生活又は社会生活に相当な制限を受ける状態にあるもの」(第二条第一号)が障害者と定義されているが,その原因としては従来からの機能障害に加えて社会的障壁,すなわち「障害がある者にとって日常生活又は社会生活を営む上で障壁となるような社会における事物,制度,慣行,観念その他一切のもの」(第二条第二号)が加えられている。また機能障害に関しても従来からの身体障害,知的障害,精神障害に加えて,その他の心身の機能障害(例えば難病等)が加えられているし,精神障害の範疇にも近年注目が集まる発達障害が含まれることが明記されている。この幅広い障害者の定義は,いわゆる障害者手帳所持者だけが差別禁止や合理的配慮提供の対象ではないことも意味している。

3.3 障害者差別の禁止

障害者差別とは「障害を理由として障害者でない者と不当な差別的取扱いをすることにより,障害者の権利利益を侵害」することであり,その禁止は行政機関等と事業者ともに法的義務である(第七条第一項および第八条第一項)。

医療関係事業者向けに障害者差別解消法への対応指針を示した厚生労働大臣決定(2016)の『障害者差別解消法医療関係事業者向けガイドライン』(以下『ガイドライン』)によれば,具体的に次の4つの行為が障害者差別に該当する。すなわち正当な理由もなく医療サービスの提供を「拒否すること」,「制限すること」,「(障害のない者には付さない)条件を付すこと」,「(障害のない者とは)異なる取扱いをすること」である。そして,この4つの差別形態それぞれに該当するおそれのある例として**図表13－2**に示したような行為が示されているが,一方で「ここに記載する事例はあくまで例示であり,これに限られるものではありません」(p.10)とも注記されている。

なお,次に述べる合理的配慮の不提供もそれが障害者の権利利益を侵害する場合には障害者差別に該当する(内閣府障害者施策担当, 2013, p.17)。

■図表13-2　医療サービスの提供における障害者差別の例

類型	拒否	制限	条件付与	異なる取扱い
具体例	－人や設備面で対応可能であるにもかかわらず，障害を理由に診察・入院・調剤等を拒否すること －身体障害者補助犬の同伴を拒否すること	－診察などを後回しにすること，サービス提供時間を変更又は限定すること －診察室や病室の制限を行うこと －医療の提供に際して必要な情報提供を行わないこと	－保護者や支援者・介助者の同伴を診察・治療・調剤等の条件とすること	－本人（本人の意思確認が困難な場合は家族等）の意思に反した医療の提供，又は意思に沿った医療提供を行わないこと －病院や施設などが行う行事等への参加や共用施設の利用を制限すること －本人を無視して支援者・介護者・付添者のみに話しかける －大人の患者に幼児言葉で接する －わずらわしそうな態度や患者を傷つけるような言葉をかける －患者の身体への丁寧な扱いを怠る

(出所) 厚生労働大臣決定 (2016) pp.10-11 をもとに著者が作成

3.4　合理的配慮

　合理的配慮は次のように規定されている。「障害者から現に社会的障壁の除去を必要としている旨の意思の表明があった場合において，その実施に伴う負担が過重でないときは，障害者の権利利益を侵害することとならないよう，当該障害者の性別，年齢及び障害の状態に応じて，社会的障壁の除去の実施について必要かつ合理的な配慮をしなければならない」（第七条第二項）。つまり合理的配慮とは簡潔には「社会的障壁を除去するための措置」とでも表現できようが，これには幾つかの条件がともなう。

　まず上記の規定は行政機関等を対象としており，そこでは合理的配慮の提供は法的義務とされているが事業者に関しては努力義務である（第八条第二項）。

　第2に合理的配慮の提供は，本来の業務を遂行するために必要な措置であって，その範疇を超えてまで行う必要はない。

　第3に本来の業務を遂行するために必要な措置であったとしても過重な負担

をともなう場合は実施する必要はない。『ガイドライン』は過重な負担の判断基準として①事務・事業への影響の程度（事務・事業の目的・内容・機能を損なうか否か），②実現可能性の程度（物理的・技術的制約，人的・体制上の制約），③費用・負担の程度，④事務・事業規模，⑤財政状況の5点を挙げているが，一方で「過剰な負担に当たると判断した場合，障害者にその理由を説明するものとし，理解を得るよう努めることが望まれます」(p.9) とも指摘している。

第4に合理的配慮は「当該障害者の性別，年齢及び障害の状態」に十分配慮して行う必要がある。この性別，年齢及び障害の状態に応じた合理的配慮という視点は，親規定の改正障害者基本法（第四条第二項）には見られない障害者差別解消法独自の特徴でもある。

第5に合理的配慮は「障害者から現に社会的障壁の除去を必要としている旨の意思の表明があった場合」に行うものである。『ガイドライン』はこの意思の表明を次のように補足している。まず意思の表明の方法として言語（手話を含む）の他に点字，拡大文字，筆談，実物の提示や身振りサイン等による合図，触覚による意思伝達など障害者が他人とコミュニケーションを図る際に必要な手段（通訳を介するものも含む）が含まれる。次に知的障害や精神障害等により障害者本人からの意思の表明が困難な場合には家族，支援者・介助者，法定代理人などコミュニケーション支援者が障害者本人を補佐して行う意思の表明でも可能である。最後に意思の表明がない場合であっても社会的障壁の除去を必要としていることが明白な場合には，当該障害者にあった合理的配慮を自主的に行うことが望ましい (p.7)。

つまり合理的配慮は，実際に社会的障壁の除去を必要としている障害者が居て，その旨の意思の表明がなされた，あるいは意思の表明はなくともその状況が明白であるという極めて個別的で現実的な状況下で行われるものである。したがってその中身は，その時の具体的場面や状況さらには既に指摘した当該障害者の性別や年齢・障害の状態，合理的配慮を提供する側にとっての過重負担度の違いなどによって極めて多種多様になりうる。

こうした性質もあり『ガイドライン』では合理的配慮の様々な例が示されている (pp.11-13)。日本政府も現在，障害種別・生活場面別に様々な合理的配慮の事例収集とその公開に努めているところである[1]。

3.5 事前的改善措置

　合理的配慮は，社会的障壁の除去が必要であるという障害者やその支援者からの意思の表明が実際にあった，あるいはそれが明白であるという極めて個別的で現実的な状況下で行われるものである。その意味で受け身の障害者支援・配慮と考えることもできる。では意思の表明や明白な状況がない場合でも組織自らが率先して行う障害者支援や配慮をどのように理解すればよいのか。

　これに該当するのが事前的改善措置[2]である。『ガイドライン』はこれを「不特定多数の障害者を主な対象として行われる」(p.8) と紹介している。また具体例として①建築物や交通機関などハード面でのバリアフリー化，②支援者・介助者等の人的支援，③情報の取得・利用・発信をしやすくさせる情報アクセシビリティ向上のための施策，④職員に対する研修の4つを指摘している。

　事前的改善措置は「個々の障害者に対して行われる合理的配慮を的確に行うための環境の整備」(p.8) でもある。つまり合理的配慮は事前的改善措置を基礎／土台として実施されることが望ましく，その整備状況によって合理的配慮の内容や実施にともなう過重負担度も異なってくると言える。なお合理的配慮の提供は行政機関等には法的義務，事業者には努力義務であったが，事前的改善措置の実施に関しては行政機関等・事業者ともに努力義務である。

3.6 罰則規定

　障害者差別の禁止，合理的配慮の提供，事前的改善措置。これらに反したからといって特に罰則規定が用意されているわけではない。したがって障害者差別解消法は実効性の確保という点で課題が残ると言えるだろう。

　現在のところ，この実効性確保という点で唯一の担保となっているのが主務大臣による報告の要請と助言・指導・勧告である。具体的には主務大臣は，事業者が障害者差別の禁止や合理的配慮の規定（第八条）に適切に対応することができるように対応指針を定めると規定されている（第十一条）。そして，事業者が障害者差別を繰り返すなど特に必要があると認められる時には，主務大臣は対応指針に定める事項について当該事業者から報告を求めたり，助言・指導・勧告を行うことができる（第一二条）。さらにこの主務大臣の要請に対して事業者が虚偽の報告をしたり，報告を怠ったりした場合には二十万円以下の過料も科されることになっている（第二六条）。

以上，努力義務にとどまっている，罰則規定に乏しいなど実効性の確保という点で課題を抱えるが，障害者差別解消法は障害の有無に関係なく全ての国民が相互に人格と個性を尊重し合う共生社会を実現するために障害者差別の禁止や合理的配慮の提供，事前的改善措置を行うように行政機関等および事業者に対して求めている。医療機関も同じである。では施行から約1年半が経過した現在，障害者差別解消法は医療機関における障害のある患者への配慮や支援をどのように変化させたのであろうか。次節は，この点に関する2つの医療機関の事例調査である。

4 事例調査

障害者差別解消法が障害のある患者への配慮や支援に及ぼした影響を見るために山口県と熊本県にある2つの大規模総合病院を対象に事例調査を行った。双方ともに山口県看護協会のある関係者（看護師）から患者へのサービスや心配りという点で優れている医療機関として紹介してもらった。Y病院には2017年6月，K病院には2017年7月に訪問し，施設見学と約1時間のヒアリング調査（Y病院では看護部長，K病院では副看護部長に対して実施）を行った。またヒアリング調査後に簡単な質問紙調査も委託方式で実施した。

4.1 障害者差別解消法の影響

2016年4月1日の障害者差別解消法施行にともない病院側として何か特別な対応や取り組みを行ったかと質問したが，Y病院・K病院ともに特にないとのことであった。むしろ，障害者差別解消法のことはあまり詳しくないというのが双方の病院の正直な感想であった。

一方でY病院の看護部長からは「法律のことは詳しくありませんが，病院なので足を怪我した人など障害のある人たちは沢山来られます。その意味では（障害者差別解消法への対応は）これまでやってきたことの延長線上にあるのかなあという気もします」との指摘を受けた。同様の指摘はK病院の副看護部長からもなされた。

4.2 障害のある患者への配慮や支援

実際Y病院とK病院は従来から患者サービスの向上に力を入れており，障害のある患者への配慮や支援もその中で網羅されていた。

Y病院では患者に何か問題があった場合にすぐに手助けや対応が出来るよう人を配置していた。具体的には正面玄関前にヘルパーの資格をもった駐車場整備員1人，正面玄関を入ったすぐのところに総合受付係1人，そしてその少し奥の場所に診療案内係3人を配置していた。これらの人たちは，すべての患者を対象にサービスを提供しているが「歩けないので車椅子で連れていってほしい」，「耳が聞こえないので筆談でお願いしたい」，「目が見えないので代筆してほしい」など障害のある患者からの依頼や要望は日常的に起こっており，それぞれに丁寧に対応しているという。

　この人的サービスという点でY病院のユニークなところは，自発的かつ無報酬で患者に奉仕する「病院ボランティア」を募集して組織化している点である。既に説明した診療案内係3人のうち1人は看護師もしくは医事課職員であるが，他の2人は「病院ボランティア」である。現在この病院ボランティアとして登録している人の数は37名に及ぶという。

　Y病院は現場での人的サービスの他に「サービス向上推進委員会」も設置している。病院長任命のもと診療科科長や副看護部長，総務課長など比較的上位の役職者が構成メンバーであり，接遇の改善や窓口業務の改善合理化，患者サービスの向上，病院ボランティア活動などの事項について半年に1回ぐらいの割合で審議している。うち患者サービスとして実際に行っている定期的な活動としては，既に説明した外来患者への人的サービスの他に年2回の院内行事（院内コンサートとクリスマス会）と患者満足度調査（入院患者と外来患者の双方が対象）がある。患者満足度調査の結果は総務部が中心となって取りまとめ，それをサービス向上推進委員会で報告しているという。

　K病院でもY病院とほぼ同様の取り組みを行っていた。まず患者への人的サービスとして正面玄関付近に男性職員1人，建物内に入ると総合受付に事務職員1人，そして主要診療エリアごとにインターカムを付けた職員数人を配置し，患者に何かあった場合にすぐに対応・手助けできるようにしている。また多職種の比較的上位の役職者から構成されるサービス向上委員会も設置されており毎月開催されていた。Y病院と少し異なる点は，患者満足度調査に関しては看護部の中にある患者満足委員会が実施することになっていた点である（退院患者全員を対象とするアンケート調査）。ただし，その結果は毎月開催される

同委員会で報告・検討されるとともにサービス向上委員会においても報告されて情報の共有化がはかられていた。

　K病院内を実際に見学して一番印象に残った点は，転倒リスクの高い患者に対してハートフルパスというカードの入ったストラップを首から掛けてもらい，何かあった場合には病院スタッフがすぐに手助けできるようにしていたことである。また他の患者や家族など病院スタッフ以外の人たちに対してもポスターを掲示してハートフルパスを着用している患者への配慮を呼び掛けていた。

4.3　障害のある患者への配慮や支援の具体例

　Y病院とK病院は従来から患者サービスの向上に力を入れており，障害のある患者への配慮や支援もその範疇で実施されていた。

　そこで質問紙を用いて実際に「これまで障害を持つ患者様（外来，入院の双方を含む）から何らかの支援や配慮を求められた経験はありますか？」と尋ねた。その結果K病院では協力者20人全員が「はい」と回答した。Y病院では52人中34人が「はい」を選択したが18人は「いいえ」であった。この「いいえ」の理由を質問紙調査の実施を委託したY病院医事課副課長に推測してもらったところ，障害のある患者は付き添いや介助者と来院するケースが多いこと，また障害のある患者に対しては看護師や職員の側から積極的に声を掛けるようにしているので，結果として障害のある患者から支援や配慮を求められた経験はないということになっているのでないかとのことであり，実際この医事課副課長自身も同じ理由で「いいえ」を選択していた。

　「はい」と回答した人に対しては具体的に「どのような障害を持つ人に」，「どのような配慮や支援を求められ」，それに「どのように対応したのか」を印象に残っている事例2つぐらいに絞って記述してもらった。図表13-3がその結果の集計である。障害種としては「肢体不自由」と「視覚障害」が比較的多いが，それ以外にも「聴覚障害」，「発声障害（聴覚障害なし）」，「難病や内部障害等」，「精神障害」，「知的障害」，「認知力低下」など様々な障害があがっていた。求められた配慮・支援の内容も「移動・動作」に関する支援・介助と書類記入や支払いなどの「手続き等代行」が比較的多いが，それら以外にも待ち時間や診察・入院環境などの「時間・環境調整」，手話や筆談などによる「コミュニケーション支援」，障害者年金申請や医療費助成などに関する「相談」，

■図表13-3 障害種と求められた配慮・支援の内容

障害の種類[1]	件数	求められた配慮・支援内容[2]	件数
肢体不自由（麻痺含む）	43	移動・動作	36
視覚障害	18	手続き等代行	19
聴覚障害	7	時間・環境調整	10
発声障害（聴覚障害なし）	4	コミュニケーション支援	10
難病や内部障害等	5	相談	7
精神障害	5	説明（インフォームド・コンセント）	2
知的障害	2	拒否[3]	2
認知力低下	2	その他	9
様々な障害者	3		
不明	2		
その他	5		

1 重複障害の場合は個々の障害に分けて集計している。2 自明な状況ゆえに看護師や事務スタッフの側から配慮や支援を申し出たと思われるケースも含まれている。3 看護師や事務スタッフの側から支援や介助を申し出たが「一人で大丈夫です」などと「拒否」されたケースのこと。

■図表13-4 印象的な事例

障害の種類	求められた配慮・支援の内容	対応の仕方
麻痺かつ体重100キロぐらいの初老女性	介助になれていないのか心配そうに息子さんが付き添っており、トイレを探しているとのこと。麻痺のために一方向しか移乗できない。スライダー持参	移乗できる方向、在宅時の移乗の様子、自力で動ける範囲などを確認した上で、希望の方向で移乗できるトイレまで移送。トイレへの移乗、下着・服の上げ下ろし、ウォシュレットの操作介助も行う。息子さんは体格もよく手伝おうとして下さっていたので、終わると「今度からここのトイレに来て、そうやればいいんですね。これ（スライダー）は要らないんだ」と次からの意欲を示されていた
聴覚障害	外来待合室で診察室から名前を呼ばれても気づかないので声掛けしてほしい	外来スタッフ間で情報を共有し、また診察する医師にも聴覚障害があることを伝え、患者さんに診察の順番になったら直接伝えるようにした
精神障害（発達障害）	会計時、長い列が出来て順番通りだとかなり待ってしまう状態	周囲の患者様の同意を得た上で、当該患者様の順番を早めて会計を済ませた
脊椎損傷で首から下が完全に麻痺し、ナースコールも押すことが出来ない入院患者	付き添い出来ないので頻繁に訪室してほしいと家族から要望	頻繁に訪室するようにしても患者の要望にタイムリーに対応出来ないかもしれないので、息をかけるとセンサーが反応してナースコールがなる装置を手配
精神疾患で自殺企図の既歴のある方	ご本人からではないが、手術という特殊な環境下で不安・緊張の増幅の恐れありとのこと	落ち着いた環境、オルゴールBGMをかけ、優しく声掛け、ゆっくりとした話し方で配慮した。本人からの言葉も聴く姿勢で対応に努めた

医療行為やリスクについての「説明（インフォームド・コンセント）」など様々であった。

参考までに**図表 13-4**には，著者が読んでみて印象的であった事例の中から5つを選んで，その内容を対応の仕方も含めて示した。

4.4 事前的改善措置

既述の通り事前的改善措置は，個々の障害者に対する合理的配慮を的確に行うための不特定多数の障害者を主な対象とした措置であり，①建築物や交通機関などハード面でのバリアフリー化，②支援者・介助者等の人的支援，③情報の取得・利用・発信をしやすくさせる情報アクセシビリティ向上のための施策，④職員に対する研修の4つの具体的領域があった。

Y 病院・K 病院ともに施設1階部分を中心に見学させてもらったが，障害者用トイレやスロープ，エレベーター，自動扉，点字ブロックの設置などハード面でのバリアフリー化は整備されているように感じた。しかし障害のある当事者の視点で観察すれば，また違ったように映る可能性はありうる。既に紹介した人の配置による障害のある患者への配慮や支援も事前的改善措置の中の②支援者・介助者等の人的支援に該当すると言えるが，これも障害当事者の視点でみればまだまだ改善の余地はあるのかもしれない。

事前的改善措置のチェックポイントは多々あるし，見る側の視点の違いによっても異なってくるので，本来はかなり丹念に観察しなければならないが，

■**図表 13-5　事前的改善措置の自己評価**

	Y 病院	K 病院
① 建築物や交通機関等のバリアフリー化，例えば[1] ・施設内の段差解消，スロープの設置 ・トイレや浴室をバリアフリー化・オストメイト対応にする ・床をすべりにくくする ・階段や表示を見やすく明瞭にする ・車椅子で対応しやすい高さにカウンターを改善	○ 段差の解消，スロープ設置，トイレや浴室をバリアフリー化，階段や表示を見やすく	○
② 支援者や介助者などの人的支援	○	○
③ 障害者が情報を取得・利用・発信しやすくする情報アクセシビリティの向上	×	×
④ 職員に対する研修	×	×

[1] 以下の具体例は『ガイドライン』の13頁に記載されていたもの。

今回の調査ではそこまで及ばなかった。そこで**図表13-5**に示したような簡易な質問票を使って自己評価してもらうことにした。選択肢も，実施している場合には「○」，実施していない場合は「×」，不明・判断がつかないなどの場合は「△」の3つだけとした。

その結果，Y病院もK病院も同じ自己評価であった。すなわち①建築物や交通機関などハード面でのバリアフリー化と②支援者・介助者等の人的支援は「○」，③情報の取得・利用・発信をしやすくさせる情報アクセシビリティ向上のための施策と④職員に対する研修が「×」，不明・判断がつかないなどの「△」の評価は存在しなかった。

4.5 意思の表明

既述の通り合理的配慮は，社会的障壁の除去が必要であるという障害者やその支援者からの意思の表明にもとづいて行われるのが基本である。そこで質問紙調査では「2016年4月1日に障害者差別解消法が施行されてから，障害を持つ患者様やその代理者から支援や配慮を求める声が増えたという印象・実感はありますか」と尋ねてみた。その結果，K病院では協力者20人のうち1人だけが「はい」で19人全員が「ない」を選択した。Y病院でも協力者52人のうち2人は「はい」，2人は無回答であったが，48人は「ない」を選択した。この結果をみると少なくともK病院とY病院においては障害者差別解消法が施行されたからといって社会的障壁の除去を求める障害のある患者からの声（意思の表明）が特に高まったわけではないようである。

5 おわりに：障害者差別の解消に向けて

Y病院とK病院は従来から患者サービスの向上に力を入れており，障害のある患者への配慮や支援もその中で網羅されていたが，障害者差別解消法が施行されたからといって特に変化は生じていないようである。では，なぜ変化がないのか。幾つか理由が考えられる。

まず考えられるのは法的強制力の問題である。既述の通り障害者差別解消法は，同法で定める障害者差別の禁止や合理的配慮提供の規定に違反したからといって特に罰則規定を用意しているわけではない。ましてや合理的配慮の提供に関しては，民間事業者にとっては努力義務，事前的改善措置にいたっては行

政機関等と民間事業者ともに努力義務である。

　第2に合理的配慮の考え方は1990年成立の「障害をもつアメリカ人法」や2006年の国連の障害者権利条約の影響を受けて日本に入ってきたが，その中身自体は「これまで雇用率制度等の下で事業主が行ってきた障害者への各種の配慮と多くの共通点をもつものであり，殊更不安を抱くべきものではない」（長谷川，2014，p.20）とも指摘されている。同様にY病院とK病院は障害者差別解消法施行前から障害のある患者への配慮や支援を行ってきたので，法が施行されても特に変化を生じさせる必要性はなかったのかもしれない。

　第3にもしも何か変化を生じさせる必要性があるとすれば，それは社会的障壁の除去を求める障害のある患者からの声の高まりがひとつの大きなきっかけとなるだろうが，現状では障害者差別解消法が施行されたからといって障害のある患者から配慮や支援を求める声は特に高まっていないようである。

　以上を踏まえた上で研究および実務に対する本章のインプリケーション（含意）を少しだけ指摘して終わりとしたい。

　障害と医療，特に合理的配慮をテーマとした先行研究では，医療機関や医療行為において役立つ合理的配慮を出来るだけ具体的に指摘しようとするタイプのものが多い（小野，2015；財間ほか，2015；永井，2016；堀口ほか，2010）。しかし，これが実際に生かされるか否かはまた別の問題である。実際に生かされるためには，社会的障壁の排除を求める障害のある人の声が本当に高まっているのかどうか，高まっていないとすればその原因は何なのか，あるいは障害のある人の声（意思の表明）がなくとも組織が率先して行うべき事前的改善措置，これをどうやって促すかなどの視点の研究も必要であろう。

　実務的には，異なる障害のある人たちがチームを組んで医療機関を視察し問題点や改善策を提言する障害者アドバイザー制度のようなものを公的に用意することを提言したい。Y病院とK病院は障害者差別解消法への特別な対応はまだ実施していなかったが，障害のある患者への支援や配慮において自分たちに足りていない点は何かを具体的に指摘してもらって患者サービスの向上につなげていきたいという意向を強く持っていた。障害者アドバイザー制度のようなものがあれば，この意向に応えることができるだろう。

（有村貞則）

注

1 例えば，内閣府の「合理的配慮等具体例データ集（合理的配慮サーチ）」（http://www8.cao.go.jp/shougai/suishin/jirei/index.html）を検索されたい。
2 障害者差別解消法の第五条が事前的改善措置に該当する。

引用・参考文献

江川文誠（2014）「尊厳のある生を全うするために」『さぽーと』61(9)，pp.21-23，日本知的障害者福祉会
小野尚香（2015）「障害のある子どもの特別支援教育におけるハビリテーションの役割」『治療』97(7)，pp.1011-1014，南山堂
厚生労働大臣決定（2016）『障害者差別解消法医療関係事業者向けガイドライン』
（http://www.mhlw.go.jp/seisakunitsuite/bunya/hukushi_kaigo/shougaishahukushi/sabetsu_kaisho/dl/iryou_guideline.pdf，2017年5月15日閲覧）
財間達也ほか（2015）「視覚障害のある人への『合理的配慮』実現に向けた歯科領域での取り組み」『医療情報学』35(4)，pp.151-156，篠原出版新社
内閣府（2014）『平成26年版障害者白書』勝美印刷
内閣府障害者施策担当（2013）『障害を理由とする差別の解消の推進に関する法律Q&A集』
（http://www8.cao.go.jp/shougai/suishin/pdf/law_h25-65_ref2.pdf，2017年5月15日閲覧）
永井利三郎（2016）「小児神経学の新たな展開をめざして」『脳と発達』48(2)，pp.89-94，日本小児神経学会
長谷川珠子（2014）「日本における『合理的配慮』の位置づけ」『日本労働研究雑誌』646，pp.15-26，労働政策研究・研修機構
福岡市に障がい者差別禁止条例をつくる会（2015）『福岡市在住の障がいのある人々の差別体験アンケート最終報告書』
（http://fukuokasabetukinnsi.com/wp/wp-content/uploads/2015/03/houkku.pdf，2017年6月4日閲覧）
堀口寿広ほか（2010）「広汎性発達障害の認知特性がある保護者に向けた医療機関における配慮」『臨床精神医学』39(9)，pp.1117-1125，アークメディア

第14章

高齢者ケア：地域における介護と医療の連携

1 はじめに：東アジア諸国の高齢化

2007年に日本の高齢化率は21%を超え，世界で唯一の超高齢社会[1]となった。日本の高齢化の特徴とされたのは，その高齢化率の高さだけではなく，高齢化の進行の速さ[2]であり，それまで欧米各国がたどってきた高齢化のスピードとは比較にならないほどの速さで高齢化が進んできた。その後も高齢化率の急速な上昇は続いており，将来推計[3]では2060年には高齢化率が38.1%に達し，国民の約2.6人に1人が満65歳以上になると予測されている。さらに，今後の日本の高齢化において特筆すべき点として挙げられるのが，医療や介護ニーズが高まるとされている75歳以上の後期高齢者の急増である。2020年には，後期高齢者の数が前期高齢者を上回る見込みであり，現在，ケアを必要とする高齢者の増加に対応し得る仕組みづくりが急がれている。

そして，日本がたどってきたような急速な社会の高齢化は，近い将来，韓国や台湾やシンガポールなどの東アジアの国や地域が，次々と経験することになる。果たして，日本の高齢者ケアは東アジア諸国にとっての先進好事例となり得るのだろうか。本章では，日本で進められている高齢者ケアの仕組みを，特に医療と介護との関連において考察する。

2 介護保険制度と医療

日本の高齢者福祉政策の歴史は浅く，高齢者を福祉の対象とした最初の法律は1963年の老人福祉法である。当初，救貧的性格ゆえに施設福祉を中心に展

開されていた政策は，1980年代に入り本格的に在宅福祉に舵を取ることとなる。その理由として，ノーマライゼーションの理念[4]への共感と，不況による国家財政上の合理化を求める過程における福祉財政の切り下げという，大きく2つの要因を挙げることができる。その後，それまで公費支出による措置制度として実施されていた高齢者福祉が社会保険制度として大きく転換をとげたのが，2000年から始まった介護保険制度である。

　「介護の社会化」というスローガンのもとで準備が進められた介護保険制度では，被保険者である高齢者の要介護状態に応じて，定められた限度額内での介護サービスを受けることができる。これにより，それまで基本的に同居家族によって行われてきた日本の高齢者介護が，被保険者である高齢者の権利として給付されるようになった。こうした利用者本位の介護サービスの提供とならんで，介護保険制度が導入されたもう1つの大きな理由に，悪化していた医療保険財政の立て直しがあった。高齢者の介護を目的として使用されている費用を医療保険から分離して介護保険でまかなうことによって，医療保険財政の健全化を図るというものである。しかし，そもそも高齢者にとって，医療による治療と福祉による介護は，切り離すことのできないものである。そこで，制度としては医療保険と介護保険とを分離するものの，高齢者が享受するサービスに不都合がでないようにとの配慮から，介護保険の基本理念の1つとして医療と福祉の連携が謳われた[5]。つまり，介護保険制度が始まってからは，医療と介護サービスが提供される仕組みは異なるが，それぞれの提供主体が連携し合うことによってサービス受給者への不具合を出さないようにとの方針が掲げられたのである。しかし，実際のところ医療と福祉との連携は難しく[6]，介護保険制度において要介護高齢者が受けるケアのプランを立てるケアマネジャーに対する調査では，「主治医と話し合う機会が少ない」「主治医とコミュニケーションすることに苦手意識を感じる」という回答の割合が高い。特に病院の医師に対してはそれぞれ68.1%と58.4%と，主治医との連携に困難を感じているケアマネジャーが非常に多いという状況が明らかとなった（三菱総合研究所，2014, p.101）。このように介護保険制度の開始に伴い，制度的には医療と福祉の分離がなされたものの，サービス実施における医療と福祉の連携面での問題が残された形となった。

3 地域包括ケアシステムの可能性

3.1 地域包括ケアシステムと医療

　困難であるが，今後の日本における認知症への対応を含むケアを必要とする高齢者のさらなる増加や，独居の増加と三世帯同居率の低下などの高齢者世帯の変容について考えるとき，地域における医療と福祉の連携を基礎にした高齢者への対応の仕組みは，必要不可欠である。

　地域包括ケアシステムと呼ばれるその仕組みが，国家の方針として正式に提言されたのは，厚生労働省が組織した高齢者介護研究会による 2003 年の報告書「2015 年の高齢者介護」においてである。当時は介護保険が始まったばかりであり，「個々の高齢者の状況やその変化に応じて，介護サービスを中核に，医療サービスをはじめとする様々な支援が継続的かつ包括的に提供される仕組みが必要である」と，あくまでも介護保険改革という文脈の中で語られていた。ゆえに，医療サービスとして想定されているのは，訪問看護やかかりつけ医による訪問診療であり，当時の地域包括ケアシステムは，介護保険サービスを補完する在宅医療サービスの充実という文脈で捉えられていた。

　この方針が大きく変わったのが，内閣に設置された社会保障制度改革国民会議が 2013 年に出した報告書である。その中で，地域包括ケアシステムの構築にあたっては，医療と介護の一体的な改革が必要であると繰り返し強調された。つまり，地域包括ケアシステムにとっては，医療改革が必要不可欠であり，従来の病院完結型の医療から地域完結型の医療への転換という地域医療構想を伴う改革が求められた。そして，地域における複数の医療機関と多様な介護サービスとが連携するためには，競争よりも協調が必要であるという前提に立つことが重要で，それぞれの関係機関のネットワークを誰がどのようにマネジメントするかということこそが，成功の鍵を握ると指摘された。

3.2 地域包括ケアシステムの概念

　ここで，現在国策として進められている地域包括ケアシステムがどのような理念のもとに進められているのか，その概要をみてみる。地域包括ケアシステムの基本目標とは，いかなる要介護状態となっても，住み慣れた地域での暮らしを人生の最期まで続けられることである。こうした地域包括ケアシステムが，

団塊の世代にあたるすべての人が後期高齢者となる 2025 年までに，それぞれの地域ごとに整えられるべきとされた。

　この地域包括ケアシステムの構想が，従来進められてきた在宅福祉の充実という方向性と決定的に異なるのは，地域で暮らすことを総合的に捉えることの必要性が強調されている点である。地域包括ケアシステムに必要な構成要素として「医療・看護」「介護・リハビリテーション」「保健・予防」「福祉・生活支援」「住まいと住まい方」の 5 つが挙げられており，それらのサービスが一体的に提供される仕組みを整えることが地域に求められている。つまり高齢者は，個人の希望や経済状況などによって施設や自宅や高齢者住宅など，住まい方を選択することができ，どのような形態の住居に住もうとも，みずからの意思に基づいた生活を送るための生活支援を受けることができる。さらに，住んでいる地域において，自分の心身の状態に応じて，健康維持や介護予防，介護やリハビリテーション，また医療や看護のサービスを専門職から享受することができる。これらを可能にするために地域に張り巡らされた仕組みが地域包括ケアシステムである。

　しかし，ここで地域包括ケアシステムとして構想されているのは，あくまでも基本理念にすぎず，生活支援を誰が担い，これまでなかなか進まなかった医療と介護の連携を誰がどう進めていくのか，という具体的な解決策は示されていない。要するに，地域を舞台にして，さまざまなサービスを一体的に提供することを可能にするのは，医療，介護，予防，生活支援，住まいという 5 つの構成要素の連携のありようであり，重要なのは，その連携を進めるための「ご当地システム」を構築することである。これはまさに，地域マネジメントと言い換えることが可能であり，医療と介護だけでなく，他の要素も含めたうえでの地域全体のマネジメントが求められている。そして，それぞれの地域の事情に即した地域包括ケアシステムの推進を図る責務があるとされたのが，地方公共団体である市区町村である[7]。

3.3　地域包括ケアシステムの推進
3.3.1　医療介護総合確保推進法
　市区町村に地域包括ケアシステムの推進をさせるにあたって国は，医療法や介護保険法など 19 の法律を一括して改正する医療介護総合確保推進法[8]を

2014年に制定した．この法律の成立を受けて改正された医療法によって，地域において提供される医療の効率化と質と量の確保を目指しつつ，在宅医療の推進ならびに地域医療体制の再構築が後押しされた．また，2015年の介護保険法の改正によって，介護保険法の中に「在宅医療・介護連携の推進」という文言が盛り込まれ，医療と介護の連携を進めるための法的基盤や責任の所在が明らかにされた．

この介護保険法の改正によって，医療と介護の連携に関して，具体的に以下のような3つの内容が規定された．①医療と介護の連携の推進を在宅医療・介護連携推進事業として，介護保険の地域支援事業の中に位置づけることによって，法に規定された制度として全国的に推進する，②在宅医療・介護の連携推進を介護保険法にある地域支援事業の包括的支援事業の中に組み込むことによって，取り組み主体が市区町村であることを明確にする，③これまで地域包括支援センターに一括して委託してきた包括的支援事業に在宅医療・介護連携推進事業を追加することによって，地区医師会等の専門団体に事業を委託することを可能にする．

こうして，地域包括ケアシステムに不可欠な医療と介護の連携については，2015年の改正介護保険以降，在宅医療・介護連携推進事業として，市区町村が主体となり地域の医師会等と連携しながら，進められることとなった．

3.3.2 在宅医療・介護連携推進事業

この医療と介護の連携体制づくりには期限が設けられ，2018年4月にはすべての市区町村で連携の実施が義務づけられた．非常に短い期間で進める必要がある連携体制づくりのために，厚生労働省は市区町村に対して，具体的に以下のような8項目の手順を示した．①地域の医療・介護の資源の把握，②在宅医療・介護連携の課題の抽出と対応策の検討，③切れ目のない在宅医療と介護の提供体制の構築推進，④医療・介護関係者の情報共有の支援，⑤在宅医療・介護関連に関する相談支援，⑥医療・介護関係者の研修，⑦地域住民への普及啓発，⑧在宅医療・介護関連に関する関係市区町村の連携．

また，これらの在宅医療・介護連携推進事業を円滑に進めるために，市区町村の行政組織内に担当部署を設けることが重要だとされ，地域の実情によっては，それぞれの手順ごとに外部委託も可能であるとされた．しかし従来，医療

行政は都道府県の管轄であり，市区町村が担当することはなかった。そうした背景により，いくら法的根拠を得たとはいえ，市区町村が責任主体として医療関係団体等との調整や連携を推進していく困難さは容易に想像がつく。

そこで，地域における医療と介護との連携についての進捗状況と連携事業を取り組むうえでの課題を把握するために，2015年の9月から10月にかけて，厚生労働省の委託によって実施された在宅医療・介護連携推進事業の実施状況についての調査（野村総合研究所，2016）を次でみてみる。調査は，全国すべての1,741市区町村に対して行われ，有効回答率は38.6%であった。

3.3.3 在宅医療・介護連携推進事業の現状と課題

現状としてみえてくるのは，市区町村における在宅医療・介護連携推進事業の担当部署がおかれているのは，介護系の部署[9]であることが多く（72.8%），実際の業務に携わっている担当者は平均すると2.6人（中央値2.0人）である。また，医師会等との調整はある程度始まっている（60.0%）ものの，病院や医師会等の関係団体との協力関係の構築が最も難しい課題であると担当者は感じており（66.7%），そのための都道府県からの支援を最も強く求めている（54.0%）という状況である。また，先述した8つの手順のうち，③切れ目のない在宅医療と介護の提供体制の構築推進について，最も負荷が高いと感じており（64.0%），着手時期が未定だと回答した自治体は半分近く（48.5%）にのぼっている。同様に，まだ手をつけておらず，時期も未定であるものとしては，⑤在宅医療・介護関連に関する相談支援も高い（48.8%）。逆に，既に取り組み始めているという回答が多かった項目は，①地域の医療・介護の資源の把握（59.5%），②在宅医療・介護連携の課題の抽出と対応策の検討（50.3%），⑥医療・介護関係者の研修（47.0%）であった。

そこで，市区町村の担当者が特に負荷が高いと感じている③切れ目のない在宅医療と介護の提供体制の構築推進について，その現状に着目すると，主治医を含む複数の医師による対応体制や急変時の診療医療機関の確保について，ケアマネジャー等の介護関係者との情報共有ができていない市区町村が約6割（59.5%）であり，できていると回答した自治体（40.5%）を大きく上回っている。この切れ目のない在宅医療と介護の提供体制の構築は，在宅療養や在宅介護を継続するうえでの要ともいえるものであり，高齢者の体調急変時に夜間や休日

をいとわず 24 時間体制での対応が必要となるものである．ゆえに，主治医ひとりに任せるのではなく，副主治医体制の導入や，急変時診療医療機関の確保，また主治医と訪問看護ステーションの連携体制の構築など，複数の医療資源との連携がポイントとなる．こうした連携体制の構築とは，地域内の医療や介護資源の把握を出発点として，関係機関への連絡や調整を行い，そこから日常的に機能する協力関係をつくり出し，積み上げていくという，まさに医療と介護のつなぎ役になることに他ならない．市区町村の担当者にとって大きな負担であり，達成が難しい課題であると同時に，地域包括ケアシステムにとっても非常に重要な課題である．

3.4 地域包括ケアシステムにおける医療と介護の連携パターン

かつて，1990 年代に高齢者の在宅福祉サービス体制を整えたときにも，国は推進主体としての市区町村の責務を明確に示し，在宅福祉に必要なサービスごとの数値目標を定め，市区町村に期限までの整備を促した[10]．今回，地域包括ケアシステムの推進にあたっても，法整備を行い，推進主体を市区町村に定め，3 年という非常に短い期限を定めて，在宅医療と介護の連携を実現させようとしている．もちろん，先に述べたとおり，地域包括ケアシステムは医療と介護の連携だけではなく，住まいや生活支援といった地域で暮らすことそのものを支えるシステムであることが求められている．それぞれの地域の特性を活かした高齢者を支える仕組みを地域全体で構築すること，特に，医療や介護の専門家だけでなく，民間事業者やボランティアなどの多様な担い手の参加を可能にすることなど，広がりをもったシステムであることが重要である．

その前提を確認してもなお，医療と介護の連携は地域で高齢者が暮らすうえで必要不可欠であり，かつその実現が非常に難しいということで，ここでは特に医療と介護との連携のあり方に着目して，現在までに各地域で進められている地域包括ケアシステムのいくつかの事例を紐解いてみたい．実際に，医療と福祉の連携はどのような方法で進められ，連携が機能し始めたポイントは何だったのか．ここで紹介する事例は，厚生労働省が老人保健健康増進等事業として毎年行っている調査によって収集された情報をもとにしている[11]．連携の中心となった組織ごとに，医師会，行政，拠点の順に分析する．

3.4.1 医師会主導の事例

人口約 135,000 人の山形県鶴岡市では，2000 年度から鶴岡地区医師会がインターネット上で患者情報共有ツールを運用しており，当初は，病院，診療所，検査センターという医療機関がその中心的な参加者であった．それと並行して，2008 年度からは医療や介護のサービス提供者を対象として，顔の見える関係や相互理解及び，多職種連携による効率的かつ効果的な業務の推進を目的とした医療と介護の連携研修会が開かれるようになる．その中で，これまで受け身だった介護支援専門員が情報発信をするための仕組みづくりが進められ，2011 年度には鶴岡地区医師会が運用してきた患者情報共有ツールへの介護支援専門員の参加が呼びかけられ，情報共有を中心に医療と介護の連携がスタートした．その後，2012 年度からはさらに情報共有の幅がひろげられ，患者や家族も参加することができる ICT ツールが導入された．こうした医療と介護の間での情報共有が進められたことによって，介護支援専門員による医療連携に対する苦手意識が改善されるとともに，医療と介護の連携を意識したケアが進められるようになった．

この取り組みは，サービス利用者の情報共有を中心とした医療と介護の連携のあり方である．通常，医療と介護サービスを同一や系列主体によって一体的に提供している保健・医療・福祉複合体の場合には，組織内で提供される医療や介護の情報共有がスムーズに行われるという利点があるが，それを地域内の異なる組織間で実現したというのが，本事例に学ぶべきところである．そこには，早くから在宅医療の推進を積極的に行ってきた医師会の存在と，医療と介護の連携には医師の意識改革が重要だという考えのもとで，医師会が率先して介護との連携に取り組んできたという実績を挙げることができる．

鶴岡市の他にも，医師会が医療と介護の連携において大きな役割を果たした事例として，人口約 58,000 人の岩手県宮古市を挙げることができる．宮古市では 2008 年から地域の医師不足への対応などを目的として，県立宮古病院内に宮古地域医療連絡協議会を設立し，勤務医と開業医との連携による休日急患対応などを行っていた．そんな中，2011 年の東日本大震災により，医療だけでなく介護を含む高齢者への総合的な支援の必要性が増し，医療，介護や他の多くの職種を超えた連携が始まった．それが宮古市医療情報連携ネットワーク

協議会である。そこで運用が開始されたみやこサーモンケアネットでは，宮古市内の医療機関・薬局・訪問看護・介護事業所に保管されている医療や介護に関する情報を，患者の同意を得たうえでネット上で共有することで，効率的な医療や介護サービスなどの提供を可能にしている。この場合にも，既にできていた地域の医療連携を背景に，宮古市医療情報連携ネットワーク協議会の事務局が医師会におかれたことから，既存の医療ネットワークを中心に訪問看護師や病院の看護師長，薬剤師，またケアマネジャーやソーシャルワーカー，保健所や社会福祉協議会など他職種をつなぎやすい状況であったといえる。

このように，医師会や中核病院などが中心となり，もともと地域における医療連携の推進を行っていたところでは，地域医療の充実を目指してつくられたネットワークに介護サービスの情報や事業者を組み込むという方法で，医療と介護の連携が進みやすい。その働きかけは，もともと医師会という組織化された機関を有している医療側から，介護側への働きかけが有効である場合が多い。

3.4.2 行政主導の事例

人口約 178,000 人の富山県高岡市の事例では，介護保険法において地域包括ケアを実現するための中心的な役割を果たす機関として市区町村に整備されている地域包括支援センターが医療と介護の連携の中心となっている。高岡市は 2011 年度，市内に 10 箇所ある地域包括ケアセンターに実施した調査から，医療との連携が不十分であり，また，福祉的な支援を含む他機関との連携必要性が高まっていること，ならびに，それらの連携のためのネットワークが構築されていない，という課題を把握する。これらの課題を解決するために，同年度に高岡市中央地域ケア会議[12]を立ち上げ，すべての地域包括支援センターに加え，医師会，訪問看護ステーション，居宅介護支援事業者，警察署，社会福祉協議会，民生委員協議会など，医療と介護だけでなく，他の福祉支援の提供者も含めた関係機関をそのメンバーに定めた。

ケア会議において，地域にある課題について話し合いながら，課題解決に向けての検討と取り組みを進め，認知症の対応については，2012 年度に医師会による認知症相談医の設置と地域包括支援センターとの事業連携が開始された。また，医療と介護の連携だけでは解決できない支援困難事例においては，関係機関との情報共有を基盤とする多機関による連携支援の実現が行われるように

なった。こうした取り組みを進めるにあたって、市の職員が医師会との話し合いの中で連携体制を検討し、関係機関への呼びかけを行い、また、地域課題についての整理をするなどの積極的な役割を果たしている。地域全体にわたる大きなネットワークや、既に動いている何らかの連携システムが地域にない場合には、このように中立的に働きかけることができる行政の役割が非常に重要である。また、行政が主導的な役割を果たすことによって、医療と介護だけではなく、警察や民生委員といった生活を支える領域までをも視野に入れた連携の構築が可能となる。地域包括ケアシステムが想定している住まいや生活支援などを含めた地域全体での大きなネットワークを考えるとき、行政の存在意義は増し、より重要な役割を担うこととなる。

　こうした行政主導の連携の進め方は、人口規模が小さな自治体にとっては、より重要度を増す。人口がおおよそ4,500人で高齢化率も40％を超えている和歌山県のすさみ町は典型的な中山間地域であり、慢性的な医療・介護の人材不足の状態が続いている。医療資源は、町立病院が1箇所、診療所が5箇所（うち3つは町立)、訪問看護事業所が1箇所ある。また、介護資源としては、居宅介護支援事業所が3箇所、訪問介護事業所が3箇所、デイケアとデイサービスがそれぞれ2箇所、介護老人保健施設が1箇所と介護老人福祉施設が2箇所ある。介護サービスの提供を中心的に行っているのはすさみ町の社会福祉協議会であり、居宅介護支援、デイサービス、訪問介護を実施している。このように医療と介護資源が少ない中で、サービス提供の効率化は必要不可欠であり、すさみ町では2009年度から、医療、介護、福祉と保健についての情報を共有するためのすさみ町地域見守り支援システムを構築し、運営している。このシステムの構築にあたっては、行政が得た経済産業省の助成事業を基盤として、町立病院の医師、看護師、ケアマネジャー、介護保険事業所、保健師などによる議論が重ねられ、同時に、住民に対する情報共有の必要性を説明するための地区説明会が丁寧に行われた。このシステムは町内のイントラネットを使用し、すさみ病院、社会福祉協議会、すさみ町役場を結んだ回線によって、処方・注射・検査などの医療情報の共有や、介護や看護情報の共有、また介護時に携帯端末を利用した医師への相談などが行われている。このように、人口規模が小さく、地域内の医療や介護資源が少ない地域においては、もともとの医療や介

護のサービスを公立や社会福祉協議会が担っていることが多く，行政の声かけによって医療と介護の連携が進めやすい傾向にある．この場合には，システムの運営と並行して，公立以外の診療所や施設などとの連携に向けた働きかけや，医療や介護資源のさらなる効率的な利用を図るため，近隣の医療・介護資源などとの繋がりの模索が課題となる．

3.4.3 拠点整備による事例

静岡県掛川市の人口は 118,000 人ほどで，高齢化率も 22.6% とそれほど高齢化は進んでいない．掛川市では 2009 年から地域医療体制の整備を始め，その中で，住み慣れた地域で安心した最期を迎えるための在宅医療・在宅介護・生活支援・予防支援を柱にした総合的な在宅支援の拠点となる地域健康医療支援センターふくしあの整備を進めてきた．ふくしあの整備自体は在宅医療推進や地域包括ケアシステム強化のための国の助成金をもとに市が主導して行い，2015 年の時点で市内 5 箇所のふくしあが稼働している．ふくしあの主な構成団体は，行政，地域包括支援センター，社会福祉協議会，訪問看護ステーションの 4 団体であり，行政は総合的な相談業務や全体のコーディネートを担当し，地域包括支援センターは高齢者の総合的な支援を行い，社会福祉協議会は地域における見守りネットワークを構築し，訪問看護ステーションは在宅医療を支える役割を，それぞれ担っている．また，サービス提供にあたっては，同居している 4 つの団体の執務スペースを同じ 1 つのフロアに設置することにより，相談窓口の集約や他職種による迅速な相互連携を可能にしている．

また，掛川市では隣接する袋井市と市立病院を統合し，2013 年に新たに中東遠総合医療センターを開院しており，それに伴って空き地となった旧掛川市立総合病院の跡地内にも，2015 年に中部ふくしあを設立している．その中部ふくしあに隣接して，特別支援学校や保育園，介護老人保健施設，生活介護事業所，特別養護老人ホーム，病院，急患診療所などが建てられており，ふくしあ内の 4 団体の連携をさらに超えた，教育，福祉，医療，介護の一大拠点となっている．

以上のように，整備費用や土地活用の余地などの問題はあるものの，物理的に医療と介護サービスなどを 1 箇所に集めることができれば，情報共有や協働意識の醸成など，他職種間の連携が進めやすいのは確かである．次に，同じく

拠点整備が医療と介護の連携を大きく動かした事例として，高知県の梼原町(ゆすはらちょう)を取り上げる。

梼原町の場合，先の掛川市に比べると人口規模がはるかに小さく3,700人程度である。しかし，その一方で高齢化率は41.8%と非常に高い状況にある。梼原町は1971年に無医地区になった経験から，行政と住民とが医師の確保と健康づくりの重要性を認識しており，その危機感を背景に町立の梼原病院を1995年に開院した。また，梼原病院に単独で医療のみを行わせるのではなく，翌年の1996年には，それまで物理的に分かれていた保健，福祉，介護に携わる機関を保健福祉支援センターとして統合し，梼原病院と同一建物内に配置した。これにより，医療・介護・保健・福祉の各種サービスが1つの拠点で提供されるようになった。具体的には，病院，保健福祉支援センター（介護医療係，福祉係，健康増進係，地域包括支援センター，居宅介護支援事業所等），高齢者生活ハウス，デイサービスセンターが集約されている。そして，梼原病院の院長が保健福祉支援センターのゼネラルマネージャーを兼務することにより，梼原町の医療と介護の連携をより強化することを可能にしている。

梼原町の取り組みの場合にも，拠点整備によって医療と介護の連携が進められたことによって，住民が1つの建物で複数のニーズを充足できるという利点が得られた。また，サービス提供側の利点としては，病院と保健福祉支援センターの職員が迅速に相談や連絡が取れることで，情報の共有が容易になり，それに伴い，サービス提供者の違いを超えたきめの細かい住民への対応が可能となったことが挙げられる。また，梼原町では，月一回の定例会として1996年から続けられている地域ケア会議[13]と2008年から週一回のペースで開かれているケアプラン会がある。地域ケア会議では，住民のニーズに沿った保健・医療・福祉・介護等の各種サービス間の調整を行い，地域全体でのケア体制の推進を図っており，行政，梼原病院の医師，看護師，理学療法士，ケアマネジャー，保健師，福祉担当者，民生委員，介護サービス事業者などが関わっている。ケアプラン会は，行政，医師，看護師，理学療法士，ケアマネジャー，保健師等で構成され，梼原病院に入院している地域住民の情報を保健・医療・福祉・介護の関係者で共有している。それにより，退院後の施設入所や在宅生活へのスムーズな移行の支援をするなど，在宅者についても把握すべき情報の

検討を行う．このように，他職種による定期的な会議の開催によって，ケースに基づいた地域包括ケアシステムを構築することができ，同時に，医療と介護などが一箇所で提供される拠点があることによって，地域包括ケアシステムのネットワークの中で医療と介護の切れ目のないサービスを受けることが可能になっている．

以上，地域包括ケアシステムの中でも医療と介護の連携に焦点をしぼり，医師会主導で連携が推進されたケースと行政主導，また医療と介護が一体的に提供できる拠点を整備することによって連携を進めてきた事例をみてきた．最後に，地域包括ケアシステムの構築がまさしく地域マネジメントである理由を述べ，期限に追われてうわべだけのシステム構築に終わってはならないことについて指摘する．

4 おわりに：地域マネジメントの必要性

ここで改めて確認するが，地域包括ケアシステムとは，自分の心身の状態や家族の状況がどうなろうとも，地域においてさまざまなサービスを受けながら，住み慣れた地域で暮らし続けることができる体制のことである．介護の社会化を謳って成立した介護保険制度も，その実態としては同居家族による介護が前提とされており，同居家族による介護が望めなければ，要介護度が高くなるにつれて施設入居という選択肢しか選び得なかった．今後，地域には高齢者があふれ，同居者をもつ高齢者は減る．たとえ同居者がいたとしても，これまでのように専業で無償のケアを担ってくれる主婦層は減り，同居している未婚の娘や息子は自分たちの将来のために働かなくてはならない．つまり，これからの時代の地域包括ケアシステムを考えるということは，従来の高齢者像をいったん破棄し，地域で暮らす高齢者の家族や生活がどのように変わるのかについて，まずは丁寧な考察を行い，そこから地域に必要なケアの種類を選定し，提供ができる体制を整えるという手順を踏むことが大切である．本章においては，医療と介護の連携に焦点を絞ってその推進のあり方をみてきたが，そもそも医療，介護，行政による福祉制度や保健サービスは，それぞれ保険適用の可否による制限や制度上決められた範囲での提供しか行うことができない．それゆえに，多職種間の連携によるサービス提供上の利便性の向上は，必要最低限，つまり

は基礎的な段階でしかない。

　医療や介護，福祉制度や保健サービスが一人の高齢者を取り巻くように連携しあってもなお，高齢者が一人で地域で暮らしていくには，多くのニーズが満たされる必要がある。そのニーズは個人の状況によって異なり，それらの個人が集まっている地域によってももちろん異なる。それゆえ，継続的に地域のニーズを把握しながら，それらのニーズを満たすことのできる既存の組織を探し，既存の組織がなければ新たな組織化のための働きかけを行う[14]，支援し，地域包括ケアシステムに巻き込んでいかなくてはならない。この一連の動きは地域マネジメントと呼ぶべきものである。したがって，地域包括ケアシステムの推進主体が医師会や病院，社会福祉法人や保健・医療・福祉複合体であろうとも，行政の役割が重要であることに変わりはない。行政は地域マネジメントを統括する責務を負い，地域や地域で暮らす高齢者の状況を定期的に把握し，目標を見据えながら，多種多様なサービスのネットワークを管理するという重要な役割を担っている。

　それぞれの地域の現場では，現在進行形で，個々のケースに対応する形で，多種多様な機関や担当者間における連携が結ばれ続けている。しかし，超高齢社会となった日本における高齢者への対応は，もはや各個人や家族にとっての個別リスクではなく，社会全体のリスクとして取り組むべき事柄である。たまたま介護をする同居家族がいたから，たまたま施設に入れたから，たまたま親身になってくれるケアマネジャーに担当してもらえたから，というような偶発的な条件によって，個人の終末期が大きく左右されるような社会であってはならない。それゆえに，医療，介護はもちろん，ケアを支えるさまざまな人的資源が限られている中で，それぞれの地域の特徴を活かした地域包括ケアシステムを構築することは非常に重要であり，人的資源やサービスの効率化を進めるためにも必要不可欠である。

（鍋山祥子）

注

1　高齢化率（総人口に占める満65歳以上の人の割合）が21%を超えると「超高齢社会」と呼ばれる。2015年10月1日現在では，日本（26.6%），イタリア（22.4%），

ドイツ (21.2%) の3カ国が超高齢社会である。
2 高齢化のスピードを評価する際に使用される指標として「倍化年数」が挙げられる。これは，高齢化率が7％を超えて「高齢化社会」となってから，高齢化率が倍の14％を超えて「高齢社会」になるまでに要する年数のことである。フランスが115年，イギリスが47年，ドイツが40年であるのに対して，日本は24年であった。
3 2017年4月に国立社会保障・人口問題研究所が公表した「日本の将来推計人口」における出生中位・死亡中位推計の結果である。
4 1950年代にデンマークの知的障害者施設に対する改善運動から始まった動きで，保護対象者を日常生活から引き離して施設に収容するのではなく，住み慣れた地域で援助を受けながら，できるだけ長く生活ができる方がいいという考え方である。
5 介護保険法の第2条において掲げられた5つの基本理念とは，①予防の重視，②医療と福祉の連携，③利用者本位，④サービス供給主体の多様化，⑤在宅サービスの重視である。
6 例外として「保健・医療・福祉複合体」と呼ばれる，病院などの医療機関の開設者が，同一法人や系列法人とともに，各種の保健・福祉施設のうちのいくつかを開設しているケースでは，保健，医療と福祉サービスを自組織（関連組織）内で網羅的に提供することが可能である（二木，2015，p.4）。この場合には，そもそも医療サービスと福祉サービスが同一組織において一体的に提供されているということであり，介護保険の創設当初に想定されていたような，医療と福祉のサービスを提供する別々の主体が，地域において連携をするという医療と福祉の連携とは事情が異なる。
7 2012年度に施行された改正介護保険法の第5条第3項において，国及び地方公共団体が地域包括ケアシステムの推進を図る責務を担うことが明記された。
8 法律の正式名称は「地域における医療及び介護の総合的な確保を推進するための関係法律の整備等に関する法律」である。
9 例えば，高齢福祉課や介護福祉課，介護保険課などである。
10 1989年に策定された「高齢者保健福祉推進10ヵ年戦略」（通称，ゴールドプラン）では，1999年度末を最終目標年度として，在宅介護に必要な介護サービスの整備を市区町村に義務づけた。そのとき，ホームヘルパーの人数やショートステイ（短期入所）の床数など，それぞれの市区町村によって異なる数値目標が設定された。
11 本章で取り上げる事例はいずれも，日本総合研究所（2014）「事例を通じて，我がまちの地域包括ケアを考えよう」で報告されているものである。したがって，人口やシステムの進捗状況に関しても調査時点のものとなっている。
12 2013年に名称が高岡市地域ケア推進会議に変更された。
13 2000年3月までの名称は高齢者サービス調整会議である。
14 こうした主体として，近年注目されているのが社会的企業である。社会的企業とは，地域課題の解決をするうえで，経営視点を用いた事業運営を行う組織であり，事業の継続性や雇用の創出などの観点から，その活躍が期待されている。

引用・参考文献

厚生労働省老健局（2003）「2015年の高齢者介護」
　（http://www.mhlw.go.jp/topics/kaigo/kentou/15kourei/3.html，2017年9月21日閲覧）
社会保障制度改革国民会議（2013）「社会保障制度改革国民会議報告書」
　（http://www.kantei.go.jp/jp/singi/kokuminkaigi/pdf/houkokusyo.pdf，2017年9月21日閲覧）
高橋紘士編（2012）『地域包括ケアシステム』オーム社
二木立（2015）『地域包括ケアと地域医療連携』勁草書房
日本総合研究所（2014）「事例を通じて，我がまちの地域包括ケアを考えよう」
　（http://www.mhlw.go.jp/file/06-Seisakujouhou-12400000-Hokenkyoku/0000073805.pdf，2017年9月21日閲覧）
野村総合研究所（2016）「地域包括ケアシステムの構築に向けた地域支援事業における在宅医療・介護連携推進事業の実施状況等に関する調査研究事業」
　（https://www.nri.com/~/media/PDF/jp/opinion/r_report/syakaifukushi/20160420-1_report.pdf，2017年9月21日閲覧）
三菱総合研究所（2014）「居宅介護支援事業所及び介護支援専門員業務の実態に関する調査報告書」
　（http://www.mri.co.jp/project_related/roujinhoken/uploadfiles/h25/h25_08.pdf，2017年9月21日閲覧）
宮本太郎編著（2014）『地域包括ケアと生活保障の再編』明石書店

■執筆者一覧

田中耕太郎	(たなか・こうたろう)	放送大学客員教授	第1章
山本　克也	(やまもと・かつや)	国立社会保障・人口問題研究所 社会保障基礎理論研究部長	第2章
全　　保永	(ジョン　ボヨン)	筑波大学医学医療系　研究員	第3章
袁　　麗暉	(エン　レイキ)	山口大学経済学部准教授	第4章
田畑　雄紀	(たばた・ゆうき)	山口大学経済学部准教授	第5章
韓　　　慧	(カン　ケイ)	曲阜師範大学翻訳学部日本語学科　講師	第6章
角田　由佳	(つのだ・ゆか)	山口大学大学院東アジア研究科教授	第6章
中田　範夫	(なかだ・のりお)	山口大学大学院東アジア研究科教授	第7章・責任編集
川村　一真	(かわむら・かずま)	山口大学経済学部准教授	第8章
城下　賢吾	(しろした・けんご)	山口大学大学院東アジア研究科教授	第9章・責任編集
木下　　真	(きのした・まこと)	山口大学大学教育センター准教授	第9章
石田　成則	(いしだ・しげのり)	関西大学政策創造学部教授	第10章
朝水　宗彦	(あさみず・むねひこ)	山口大学大学院東アジア研究科准教授	第11章
藤本健太郎	(ふじもと・けんたろう)	静岡県立大学経営情報学部教授	第12章
有村　貞則	(ありむら・さだのり)	山口大学大学院東アジア研究科教授	第13章
鍋山　祥子	(なべやま・しょうこ)	山口大学経済学部教授	第14章

山口大学大学院東アジア研究科　東アジア研究叢書④

東アジアの医療福祉制度
――持続可能性を探る

2018年3月30日　第1版第1刷発行

編著者	国立大学法人 山口大学大学院 東アジア研究科
責任編集	中　田　範　夫 城　下　賢　吾
発行者	山　本　　　継
発行所	㈱中央経済社
発売元	㈱中央経済グループ パブリッシング

〒101-0051　東京都千代田区神田神保町1-31-2
　　電　話　03（3293）3371（編集代表）
　　　　　　03（3293）3381（営業代表）
　　　　　　http://www.chuokeizai.co.jp/
　　製版／三英グラフィック・アーツ㈱
　　印刷／三　英　印　刷　㈱
　　製本／誠　　製　　本　　㈱

ⓒ 2018
Printed in Japan

＊頁の「欠落」や「順序違い」などがありましたらお取り替えいたしますので発売元までご送付ください。（送料小社負担）

ISBN978-4-502-26281-4　C3036

JCOPY〈出版者著作権管理機構委託出版物〉本書を無断で複写複製（コピー）することは，著作権法上の例外を除き，禁じられています。本書をコピーされる場合は事前に出版者著作権管理機構（JCOPY）の許諾を受けてください。
　JCOPY〈http://www.jcopy.or.jp　eメール：info@jcopy.or.jp　電話：03-3513-6969〉

本書とともにおすすめします

持続可能な高齢社会を考える
官民の「選択と集中」を踏まえた対応

貝塚 啓明
財務省財務総合政策研究所【編著】

高齢社会の中でも経済社会を維持し、ニーズに合ったサービスを提供する公的部門と民間企業のあり方を探る

A5判・234頁・ハードカバー

■目次

序　章　高齢社会における「選択と集中」

第Ⅰ部　高齢社会における「選択と集中」のための課題
　第1章　超高齢社会の課題と可能性（講演録）
　第2章　高齢社会における経済成長と意思決定

第Ⅱ部　高齢者のニーズおよびニーズに対応した産業
　第3章　高齢者市場開拓の意義と期待
　第4章　高齢社会のニーズと産業・制度の相互補完
　第5章　高齢者市場への取組みの考察

第Ⅲ部　高齢社会における公的部門の役割
　第6章　社会保障制度における「選択と集中」
　第7章　高齢社会における社会資本整備
　第8章　望ましい「老い方・死に方」と「医療提供体制の再編」

第Ⅳ部　諸外国の高齢化の状況と対応
　第9章　東アジアの高齢化問題（講演録）
　第10章　〈特別講演〉強靭でしたたかな普通の国スウェーデン